Kerstin Liesem · Jörn Kränicke

Professionelles Texten für die PR-Arbeit

Kerstin Liesem · Jörn Kränicke

Professionelles Texten für die PR-Arbeit

VS VERLAG

Bibliografische Information der Deutschen Nationalbibliothek
Die Deutsche Nationalbibliothek verzeichnet diese Publikation in der
Deutschen Nationalbibliografie; detaillierte bibliografische Daten sind im Internet über
<http://dnb.d-nb.de> abrufbar.

1. Auflage 2011

Lektorat: Barbara Emig-Roller | Eva Brechtel-Wahl

VS Verlag für Sozialwissenschaften ist eine Marke von Springer Fachmedien.
Springer Fachmedien ist Teil der Fachverlagsgruppe Springer Science+Business Media.
www.vs-verlag.de

Umschlaggestaltung: KünkelLopka Medienentwicklung, Heidelberg
Satz: Janssen Peters, www.textundrede.de
Gedruckt auf säurefreiem und chlorfrei gebleichtem Papier
Printed in Germany

ISBN 978-3-531-17778-6

Inhalt

Vorwort

Lies mich! Kleiner Knigge für gute Texte. So wollten wir dieses Buch ursprünglich nennen. So lautete der Arbeitstitel, an dem wir uns beim Schreiben orientiert haben. Lies mich! Darum geht es jedem Text und jedem Texter. Denn Hand aufs Herz: Wer schreibt schon gerne für die Papiertonne? Wir nicht. Und Sie sicher auch nicht. Wer sich die Mühe macht, einen Text zu verfassen, der will auch, dass er gelesen wird. Deshalb schreien alle Texte nach Aufmerksamkeit – ganz besonders natürlich PR-Texte. Gelesen werden jedoch die wenigsten. Manche Texte landen sofort in der „Ablage P", also im Papierkorb. Andere erst, nachdem der Leser die ersten Sätze überflogen hat. Warum? Weil viele Texte unverständlich sind. Sie klingen gestelzt, sind umständlich formuliert. Ihre Botschaften gehen in einem Nebel aus Worthülsen unter. Das ist ärgerlich und kostet Geld. Rund 40 Prozent des Marktwertes börsennotierter Unternehmen hängt von deren Kommunikation ab. Das fanden amerikanische Wissenschaftler schon vor drei Jahrzehnten heraus (Moss 2009: 45). Und trotzdem sind viele PR-Texte noch immer unverständlich. Da werden fröhlich „Renditepotenziale durch funktionelle Nachhaltigkeit optimiert" und „Kostenreduzierungsoptionen konsequent identifiziert". Manager-Sprache und Phrasendrescherei. Der „Otto Normalverbraucher" schaut in die Röhre. Er rächt sich, indem er den Text übergeht und (gedanklich) in die Schublade „PR-Kauderwelsch" steckt. Dort gilbt er langsam, aber sicher, vor sich hin. Seine Chance, Aufmerksamkeit zu bekommen, hat er in den meisten Fällen verspielt. Das ist schade, denn vielleicht war das Produkt oder die Dienstleistung, die er anpreisen sollte, gar nicht so schlecht. Vielleicht war die Botschaft, die er transportieren sollte, ja sogar neu und überzeugend. Das alles wird der Leser nie erfahren, weil er den Text gar nicht erst zu Ende gelesen hat. Die ersten PR-Floskeln haben ihn bereits abgeschreckt. Und der Leser, besonders der professionelle Leser, ist in einer komfortablen Lage: Er wird tagtäglich von Texten überflutet. Er kann es sich aussuchen, welche er lesen will und welche eben nicht.

Wie lange werden es sich Unternehmen noch leisten können, Sprache zu vernachlässigen? Gerade in einer globalisierten Welt, in der ein erbitterter Konkurrenzkampf tobt. Denn Produkte und Dienstleistungen werden sich immer ähnlicher. Das Alleinstellungsmerkmal in einem Produkt selbst zu finden, fällt oft schwer. Gerade in solchen Zeiten kann gute und verständliche Sprache den entscheidenden Unterschied machen. Sprache kann den Leser überzeugen, ein Produkt oder eine Dienstleistung zu kaufen oder lieber die Finger davon zu lassen. Sie kann den Leser von einem Argument überzeugen oder eine Botschaft transportieren.

Dieses Buch richtet sich an alle, die professionelle Texte für die PR-Arbeit schreiben wollen. Es enthält Impulse, wie man überzeugende und stimmige Texte für verschiedene Textformen, Anlässe und Zielgruppen schreibt. Wie finde ich einen guten Einstieg? Wie baue ich eine Argumentation auf? Wie werden meine Sätze verständlich, eingängig und überzeugend? Welcher Stil und welche Wortwahl tragen dazu bei? Und welche Wendungen sollte ich besser vermeiden? Da wir aus der Praxis kommen und deshalb jeden Tag viele Texte lesen und selbst schreiben, enthält das Buch viele praktische Beispiele und Tipps. Bei all dem ist uns sehr wohl bewusst, dass Sprache immer auch Geschmackssache ist. Das ist auch gut so und das wollen wir auch nicht ändern.

Unser ganz besonderer Dank gilt Oliver Koch, der dieses Buch mit wichtigen Impulsen konstruktiv begleitet hat. Unser Dank gilt auch den Studierenden der Universität Potsdam, vor allem Jördis Aschenbach, Sina Hansen, Jessica Köring und Robert Maaß. Sie haben uns im Seminar „Deutsch für Juristen" viele wichtige Anregungen gegeben, die in dieses Buch eingeflossen sind. Ebenso danken möchten wir allen, die mit uns bei unseren Vorträgen „Die Macht der Sprache" diskutiert haben.

Berlin/München, Januar 2011

Dr. Kerstin Liesem   Jörn Kränicke

1. Lies mich! – Der tägliche Kampf um Aufmerksamkeit

Aufmerksamkeit – das ist die Währung, die in der Presse- und Öffentlichkeitsarbeit zählt. PR-Arbeit ist ein ständiges Buhlen um die Gunst des Lesers. Ein ständiger Kampf um Aufmerksamkeit. Denn Aufmerksamkeit ist ein wertvolles Gut. Gerade im digitalen Zeitalter. Gerhard Roth, Verhaltenspsychologe und Direktor des Instituts für Hirnforschung an der Universität Bremen, beschreibt Aufmerksamkeit als einen besonderen Aktivitätszustand von Synapsen. Konzentration ist dabei das Allerwichtigste. Das Phänomen kennt sicher jeder von sich selbst: Wer etwas liest und dabei an den Schweinebraten zum Mittagessen denkt, kann sich an das Gelesene nicht mehr erinnern. Informationen überfluten jeden von uns. Und das Tag für Tag und zu jeder Uhrzeit. Früher waren die Informationswellen lange nicht so hoch und kontinuierlich wie heute. Zum Kaffee am Morgen las man die Zeitung(en). Tagsüber lief das Radio. Abends auf der Couch sah man die Tagesschau. Informationen transportierten die drei klassischen Trägermedien Zeitung/Zeitschrift, Radio und Fernsehen. Im digitalen Zeitalter verschwimmen die Grenzen zwischen Print-, Audio- und visuellen Medien immer stärker. Der Computer und das Internet haben innerhalb kürzester Zeit die Informationswelt revolutioniert. Über das World Wide Web ist es heute eine Kleinigkeit, Nachrichten (fast) überall zu erhalten und zu versenden. Wer das möchte, kann sich rund um die Uhr informieren. Auch von unterwegs. Per Handy, Smartphone, Netbook oder iPad kann sich der Informationsjunkie bequem mit Nachrichten versorgen. Der Studie „Mediascope 2009" der European Interactive Advertising Association (EIAA)[1] zufolge verbringen die Deutschen wesentlich mehr Zeit im und mit dem mobilen Internet als mit dem Lesen von Zeitungen und Zeitschriften. Sieben Stunden in der Woche surfen sie von unterwegs. In ihrer Zeitung blättern sie hingegen nur durchschnittlich 4,6 Stunden pro Woche. Mit Magazinen beschäftigen sie

---

[1] Die European Interactive Advertising Association (EIAA) ist der Branchenverband paneuropäischer Online-Vermarkter und Technologiedienstleister (http://www.eiaa.net/index.asp?lang=3).

sich mit durchschnittlich 3,6 Stunden in der Woche noch weniger.[2] Das Internet ist – zumindest bei den „Digital Natives"[3] – das Leitmedium Nummer eins. Auch bei Menschen, die etwas früher als die Digital Natives geboren sind, ist das Internet populär. Der ARD/ZDF-Onlinestudie 2010 zufolge sind 100 Prozent der 14-19-Jährigen online. Bei den 20- bis 29-Jährigen sind es 98,4 Prozent und bei den 30- bis 39-Jährigen 89,9 Prozent.[4]

1.1 Der digitale Wahnsinn

Noch nie gab es so gute und – vor allem so viele – Möglichkeiten, sich zu informieren wie heute. Das ist die gute Nachricht. Die schlechte ist: Wir müssen aufpassen, dass wir von der Flut der vielen Botschaften nicht überrollt werden. Wer jeden Tag mit E-Mails und SMS bombardiert wird, hat seine liebe Not, Wichtiges und Unwichtiges zu unterscheiden, die digitale Spreu vom Weizen zu trennen. Experten schätzen, dass jeder Mensch an einem einzigen Tag mit rund 10.000 Informationen konfrontiert wird (Meyer 2007: 32). Wirklich relevante Informationen können dabei leicht im Nachrichtenschwall untergehen. Die permanente Informationsüberflutung kann sogar dazu führen, dass der Adressat nicht mehr in der Lage ist, überhaupt eine Entscheidung zu treffen. Als „Informationspathologie" bezeichnen Betriebspsychologen einen Überfluss an Informationen bei einem gleichzeitigen Mangel an entschei-

---

2   Mit einer mobilen Internetnutzung von durchschnittlich sieben Stunden pro Woche liegt
     Deutschland im europäischen Vergleich auf Platz 5. Europameister im mobilen Internet-
     Surfen sind „Mediascope 2009" zufolge die Polen. Sie bringen es auf 10,3 Stunden die
     Woche. Dahinter folgen die Italiener mit 7,9 Stunden. Die Portugiesen und die Belgier
     teilen sich mit 7,7 Stunden den dritten Platz. Die Russen landen mit 7,1 Stunden auf dem
     vierten Platz.
3   Der Begriff „Digital Natives" geht auf den Pädagogen und E-Learning-Spezialisten Marc
     Prensky zurück. Als „Digital Natives" bezeichnete er junge Menschen, die mit digitalen
     Technologien wie Computer, Internet, Handys und MP3s aufgewachsen sind. Prensky
     veröffentlichte im Oktober 2001 in der Zeitschrift „On the Horizon" als Erster einen Artikel
     zu diesem Thema. Dieser trug den Titel „Digital Natives, Digital Immigrants". Im Dezember
     2001 folgte der nächste Artikel zum Thema mit dem Titel: „Do They Really Think Dif-
     ferently?". Prensky klassifizierte in seinem Beitrag im Jahr 2001 alle Schüler als „Digital
     Natives" von der Grundschule bis zum College. John Palfrey und Urs Gasser bezeichnen
     in ihrem 2008 erschienenen Buch „Born Digital: Understanding the First Generation of
     Digital Natives" alle jungen Menschen als „Digital Natives", die seit 1980 geboren sind.
     In der deutschen Literatur findet man häufig die Entsprechungen „digitale Eingeborene"
     und „digitale Ureinwohner".
4   Vgl. http://www.ard-zdf-onlinestudie.de.

dungsrelevanten Informationen. Ständiger Aufmerksamkeitsstress kann krank machen. Glenn Wilson, Psychiater am King's College in London hat herausgefunden, dass sich eine konstante Informationsüberflutung auch auf die Intelligenz auswirkt. Wer bei der Arbeit ständig über digitale Medien wie E-Mails oder SMS erreichbar war, dessen Intelligenzquotient sank vorübergehend um 10 Punkte. Wilson schrieb dazu 2005 in der englischen Zeitung „The Guardian": „Die Ablenkung durch konstante E-Mails, Text- und Telefonbotschaften ist eine größere Gefahr für den IQ und die Konzentration als Cannabis." Selbst eine potenzielle 24 Stunden-Erreichbarkeit wirkt sich negativ auf die Aufmerksamkeit aus, so Wilson. Auch wenn der Proband tatsächlich gar keine E-Mails oder SMS bekam, war er leistungsschwächer als derjenige, der nicht auf Standby geschaltet hatte.

1.2 Die Wichtigkeitskaskade

Um in der Informationsflut nicht zu ersticken, müssen wir selektieren. Ob wir wollen oder nicht. Unser Gehirn teilt Informationen nach den Kriterien: wichtig und unwichtig sowie bekannt und unbekannt ein. Hirnforscher Gerhard Roth sagt dazu: Erst wenn unser Gehirn „ein Geschehnis oder eine Aufgabe als wichtig oder neu einstuft – etwa wenn neue Bedeutungen zu erfassen, komplexe Probleme zu lösen und neue motorische Fähigkeiten zu erlernen sind –, wird das Bewusstseins- und Aufmerksamkeitssystem voll eingeschaltet." Dabei ändert sich ständig, was wichtig ist. Meyer nennt in seinem Buch „Kreative PR" drei Wichtigkeitsregeln (Meyer 2007: 33).

- *Wichtigkeitsregel Nummer eins:* Wenn Medien regelmäßig über etwas berichten, wird es immer wichtiger. Irgendwann denkt jeder, dass es wichtig ist, weil schließlich jedermann darüber berichtet. Bekannte Beispiele sind Paris Hilton, Verona Pooth oder aktuell Daniela Katzenberger. Warum sind sie prominent? Weil über sie berichtet wird. Ein ähnliches Phänomen kann man aber auch an Pseudoskandalen studieren. So berichteten die Medien zum Beispiel so lange und so intensiv über die Gefahren der Schweinegrippe, bis die breite Öffentlichkeit das Thema als wichtig wahrnahm.

- *Wichtigkeitsregel Nummer zwei:* Institutionen, die als wichtig angesehen werden, werden fast immer auch beachtet, auch wenn das, was sie tun, vollkommen unwichtig ist. Als Beispiel nennt Meyer (Meyer 2007:

34) die Klausurtagung der CSU, die jedes Jahr im Januar in Wildbad Kreuth stattfindet. Jahr für Jahr berichten die Zeitungen und Zeitschriften ausführlich vom Urlaub der Kanzlerin und veranschaulichen das Ganze mit vielen bunten Bildern. Oder wir erinnern uns: Aus Sankt Gilgen am Wolfgangsee grüßte jedes Jahr der ehemalige Kanzler Helmut Kohl.

■ *Wichtigkeitsregel Nummer drei:* Wenn genügend Menschen oder Vertreter von Institutionen, die als wichtig erachtet werden, an einem Ort zusammenkommen, wird das Treffen wichtig. Dann kommt es gar nicht mehr darauf an, was dort besprochen wird. Wenn zum Beispiel Verona Pooth nach Wildbad Kreuth kommen würde, dann würde das für Schlagzeilen sorgen, egal, was dort besprochen wird.

PR-Profis müssen sich also immer fragen: Welchen Dreh muss ich meinem Text geben, dass er von der Zielgruppe als wichtig wahrgenommen wird? Welche Ingredienzien brauche ich dafür? Wie kann ich meine Botschaften so präsentieren, dass sie den Spam-Filter im Gehirn des Adressaten überwinden? Wir haben gesehen: Was wichtig ist, das ändert sich ständig. Was eben noch ein Aufreger-Thema war, ist den Redakteuren vielleicht schon wenige Wochen später keine müde Zeile mehr wert. Diese Schnelllebigkeit kann Vorteil, aber auch Nachteil sein. Vorteil, weil man weiß, irgendwann ist jedes Skandal-Thema einmal abgehakt. Nachteil, weil manche Themen und Experten eben noch volle Aufmerksamkeit bekamen und wenig später schon aus der Lupe der Öffentlichkeit verschwunden sind. So waren kurz nach der Katastrophe von Duisburg die Loveparade und ihr Sicherheitskonzept in aller Munde. Experten, die zu Massenpanik forschen, waren gefragte Gesprächspartner. „Im Windschatten eines Themas, das gerade allgemeine Aufmerksamkeit hat, lässt sich vieles unterbringen, was sonst unter ferner liefen eingeordnet würde", schreibt Meyer (Meyer 2007: 33). Im Winter, als viele Deutsche in der sibirischen Kälte bibberten und auf den spiegelglatten Gehwegen ausrutschten, waren Fragen virulent wie: Warum haben die Städte nicht genug Streusand gekauft? Warum gibt es nicht genug Räumdienste? Können Hartz-IV-Empfänger zum Schneeschippen zwangsverpflichtet werden? Was machen wir mit all den Verletzten, die sich auf den eisigen Straßen die Knochen gebrochen haben? Gibt es genügend Ärzte in den Krankenhäusern, die sich um die Verletzten kümmern können? Dann kam die Schneeschmelze und bald auch der Sommer. Wen interessiert bei 37 Grad, ob genug Streusand für den nächsten Winter da ist. Im Sommer fragt man sich: Wie schütze ich mich vor einem Sonnenbrand? Wie kann ich trotz

Hitze gut schlafen? Wie lange sind die Freibäder geöffnet? Selbst eher abseitige Themen finden im Schlepptau der Sommerhitze ihre Leser. Zum Beispiel die Tatsache, dass in Berliner Schwimmbädern Boxershorts nicht erwünscht sind. Sie saugen zu viel Wasser auf. Dieses Wasser fehlt dann wieder im Becken.

1.3 Die beiden Gehirnhälften

Die rechte Gehirnhälfte speichert unsere Emotionen. Hier befinden sich die Archive für Bilder, Geräusche, Gerüche und Geschmack. Die rechte Gehirnhälfte ist also das Zentrum für Kreativität und Gefühle. Außerdem sorgt sie dafür, dass wir den Überblick behalten, dass sich aus vielen Details ein Bild ergibt. Zum Beispiel: Wir sehen vier Beine, eine Mähne und einen langen Schweif. Die rechte Gehirnhälfte scannt diese Eigenschaften blitzschnell und erkennt sofort: Das ist ein Pferd. Dieselbe Meisterleistung vollbringt die rechte Gehirnhälfte jeden Tag, wenn wir Menschen sehen. Sehr schnell wissen wir, wer da vor uns steht. Es ist Frau Altmann und nicht Herr Pfeifer. Wir müssen nicht alle Details durchgehen, sondern sehen das ganze, einheitliche Bild. So funktioniert das holistische Prinzip. Um die Welt in Nuancen zu erleben, ist es notwendig, dass beide Hälften zusammenarbeiten.

Dieses Zusammenwirken von rechter und linker Gehirnhälfte hat auch Folgen für Texte. Die linke Gehirnhälfte speichert Wörter in ihrer Bedeutung. Die rechte Seite speichert Sprache emotional ab. Um beim Beispiel Pferd zu bleiben: Die linke Gehirnhälfte speichert: Großes Nutztier mit vier Beinen, langem Hals, großem Kopf, einer Mähne und langem Schweif. Was die rechte Gehirnhälfte dazu abspeichert, ist von Person zu Person unterschiedlich: Der passionierte Reiter wird mit seinem Pferd sicher äußerst positive Gefühle verbinden. Bei Menschen, die Pferde nicht unbedingt zu ihren Lieblingstieren zählen, wird die rechte Gehirnhälfte melden: Vorsicht! Gefährlich! Tritt aus! Hat außerdem einen stechenden Geruch!

An diesem einfachen Beispiel sehen Sie: Am besten können wir uns Informationen behalten, wenn beide Gehirnhälften angesprochen werden. Wir merken uns Botschaften viel schneller, wenn wir uns ein Bild machen können. Das funktioniert schlecht bei abstrakten Begriffen. Denn für diese hat die rechte Gehirnhälfte keine Emotionen abgespeichert. Nehmen Sie das Wort Finanzmärkte. Dazu findet die rechte Gehirnhälfte kein passendes Bild, keine Emotionen. Deshalb ist es Ihre Aufgabe als PR-Verantwortlicher, das Wort Finanzmärkte zu verbildlichen. Das hat der ehemalige Bundespräsident Horst Köhler getan. Er hat die Finanzmärkte mit Monstern verglichen. Unter einem Monster kann sich jeder etwas vorstellen. Mit dem Wort Monster verbinden wir Emotionen und Bilder. Einprägsam war auch das Bild der Heuschrecken, die Franz Müntefering beschwor und damit Hedge-Fonds und Private-Equity-Firmen meinte.

Sie sehen: Wir merken uns Begriffe und Texte dann besonders gut, wenn sie anschaulich und plastisch geschrieben sind. Wer aber abstrakten Begriff an abstrakten Begriff reiht, macht es dem Leser schwer. Die Folge: Dieser wirft den Text sofort in den Papierkorb oder überfliegt nur kurz die ersten Zeilen. Denn dass ein Text nicht gelesen wird, ist der Normalfall. Ausblenden und Abschalten gehören zu den existenziellen Überlebensstrategien des Menschen. Nur wenige Texte schaffen es, bis zum Schluss gelesen zu werden. Warum? Weil sie den Leser fesseln. Weil das Thema so interessant dargeboten ist, dass der Leser mehr darüber erfahren will.

2. Von Phrasen-Dreschern, Plastikwörtern und Dengli-Mania

2.1 Phrasen-Dreschen für Manager

Wie oft haben Sie schon Sätze gelesen wie: „Es führt kein Weg an einem Stratetic Profit Commitment vorbei". Oder „Immer mehr Know-how wird nötig, um die Aufgaben mit der geforderten Zielqualität und Produktivität erfüllen zu können". Oder: Die Finanz- und Weltwirtschaftskrise hat Regierungen wie Unternehmen weltweit vor große Herausforderungen gestellt – Herausforderungen, die nach überzeugenden Antworten und nachhaltigen Lösungen verlangen[5]. Phrasen-Dreschen scheint eine beliebte Beschäftigung zu sein. Das ist auch verständlich: Denn Phrasen klingen irgendwie wichtig und professionell. Leider sagen sie nichts aus. Wer es selbst einmal ausprobieren möchte, der kann die Phrasen-Dreschmaschine im Internet in Gang setzten[6]. Mit drei Mausklicks fabriziert sie schöne „businesstaugliche" Schlagwörter. Beispiele gefällig? Wie wäre es mit „konzertierten Organisationstools" oder „qualifizierten Projektproblematiken". Aber Vorsicht: Phrasen-Dreschen kann süchtig machen.

Abbildung 1: Phrasen-Dreschmaschine für Manager

---

5   Siemens Nachhaltigkeitsbericht 2009, S.20.
6   http://www.focus.de/D/DB/DBX/DBX80/phrasen_frame.html.

Wer gerne etwas in der Hand hält, der kann sich beim Straelener Manuskripte Verlag eine Phrasen-Dreschmaschine[7] aus Papier bestellen. Sie kommt direkt „aus der Wortspielhölle des Übersetzer-Kollegiums Straelen". „Nie mehr sprachlos" steht auf ihrem Pappkarton. Als „schier unerschöpflicher Wortspender" kann sie 8.000 verschiedene Phrasen ausspucken. Dann mal los! Auf der einen Seite des Pappkartons mixt sie konservative Phrasen. Das sind solche, die ohne den Mix aus Deutsch und Englisch, das so genannte Denglisch, auskommen. Wer freut sich nicht über „freudige Zukunfts-Bewältigungen", „machtvolle Schicksalsgemeinschaften" oder „wertorientierte Vergangenheits-Gläubigkeit"?

Dreht man die Phrasen-Dreschmaschine um, dann fabriziert sie Worthülsen für progressive Zeitgenossen. Da kommen dann Wortungetüme heraus wie „qualifizierte Motivations-Konzeption", „integrierte Innovations-Struktur" oder „permanente Organisations-Problematik".

2.2 Phrasen-Dreschen für Politiker

Sind Sie Politiker? Oder fühlen Sie sich im Dunstkreis der Politik wohl? Kein Problem! Für Sie haben die Straelener eine eigene Phrasen-Dreschmaschine konzipiert. Sie ist schwarz-rot-gold und wirbt mit dem Slogan: „Wie Sie es auch drehen und wenden. Mit dieser Maschine haben Sie in der Politik immer das letzte Wort." Die eine Seite richtet sich an so genannte Durchblicker, die andere an Macher. Wenn Sie sich selbst als Durchblicker bezeichnen würden, dann werden Ihnen Worthülsen wie „geschlechtergerechte Fortschritts-Demokratie", „barrierefreie Informations-Systeme" und „solidarische Werte-Ressourcen" gefallen.

Für die Macher unter Ihnen verspricht die Phrasen-Dreschmaschine: „Hiermit haben Sie Ihre Karriere in der Hand! Sollten Sie als Macher je um ein Wort verlegen sein, so hilft Ihnen dieses Werkzeug – pardon! dieses Tool – rasch aus der Klemme. Allein auf dieser Seite erhalten Sie durch Drehen der Scheiben 16 x 16 x 16 = 4.096 Formulierungen, die man heute einfach draufhaben muss." Recht haben sie, die Straelener. Oder gefallen Ihnen Begriffe

---

7　　Bei der Phrasen-Dreschmaschine handelt es sich um einen rechteckigen Umschlag. In diesem sind drei Drehscheiben aus Pappe nebeneinander angebracht. Dreht man an den Scheiben, so tauchen in den Fenstern nebeneinander drei Wörter auf. Das erste Wort ist ein Adjektiv, das zweite Wort ein Substantiv mit Bindestrich und das dritte Wort ebenfalls ein Substantiv.

wie „konsensfähige Medien-Kultur", „multinationale Wachstums-Potenziale" und „zielführende Konsum-Offensive" etwa nicht?

„Multinationale Wachstums-Potenziale", „barrierefreie Informations-Systeme" und „qualifizierte Motivations-Konzeption": Plastikwörter nennt der emeritierte Freiburger Professor für Sprache, Uwe Pörksen, diese Formulierungen (Pörksen 2004) und liefert auch gleich die wissenschaftliche Erklärung ihrer Attraktivität: Die Magie dieser Plastikwörter bestehe in „ihrer Pseudowissenschaftlichkeit, in ihrer unendlichen Verknüpfbarkeit und in ihrer Leere. Wie aus einer Retorte lassen sich aus ihnen Wirklichkeitsmodelle hervorzaubern, und der Schritt vom Wort zur Verwirklichung scheint sehr klein zu sein. (…) Vermutlich ist der hohe Abstraktionsgrad der Plastikwörter ihre wirksamste Eigenschaft (…) Die Wörter sind auf beunruhigende Weise austauschbar, sie lassen sich gleichsetzen, in einer Kette von Gleichsetzungssätzen aneinanderreihen. Es scheint immer wieder Sinn zu geben." Die Beweglichkeit dieser Wörter, ihre Fähigkeit, Verbindungen einzugehen, sei unheimlich. Pörksen berichtet in seinem Buch von einem Freund, der die Flexibilität der Plastikwörter für ein Spiel verwendet hat. Jeder Spiel-Teilnehmer hat ein Plastikwort auf ein Blatt Papier geschrieben. Dann hat jeder blind ein Blatt gezogen. Die Erkenntnis: Wer Plastikwörter aneinanderreiht, erhält Plastiksätze, die durchaus Eindruck machen und die als Manager-Sprech oder Politiker-Sprech locker durchgehen (Pörksen 2004: 80).

2.3 Die Plastikwörter

Diese Plastikwörter finden sich auch gerne in PR-Texten: Der Medienanalysedienst Dow Jones Insight untersuchte 28.000 Pressemitteilungen. Dabei kam heraus, dass Substantive wie „Innovationen", „Aktivitäten" oder „Flaggschiff" und Adjektive wie „fortschrittlich", „maßgeschneidert" oder „hochklassig" überdurchschnittlich oft vorkommen. Auch Sprachpapst Wolf Schneider hat 13 Standardbegriffe identifiziert, die „durch übermäßigen Gebrauch alle Kraft verloren haben" (Schneider 2010a: 90ff): Aktivitäten, Herausforderung, Fokus, Inhalte, Innovation, Kreativität, Palette, Portfolio, Potenzial, Prozess, Segment, Spektrum und Synergie. Schneider nennt diese „bemooste Textbausteine". Er rät: „Je seltener sie verwendet werden, desto lesbarer, lebendiger und glaubwürdiger wird jeder Text." Warum sie trotzdem so oft und so gerne verwendet werden? „Sie sind so bekannt, dass alle Adressaten sie – vermeintlich sofort und mühelos verstehen", so Schneider. Außerdem sendeten sie das Signal: „Ich gehöre zu euch, ich weiß Bescheid." Aber auch die Nachteile verschweigt er nicht: „Die Bedeutung erschließt sich dem Adressaten nicht. Denn wer weiß schon, worin die Innovation eines Unternehmens besteht, das sich selbst als innovativ beschreibt? Außerdem umschreiben diese Floskeln und Wörter oft Banalitäten, die nicht aussagekräftiger werden, je öfter der Leser sie hört." Christoph Moss, Professor für Unternehmenskommunikation, setzt sich in seinem Buch „Deutsch für Manager" (Moss 2008: 44ff.) mit Textbausteinen für Pressekonferenzen auseinander: „Für diese anspruchsvollen Situationen hat die deutsche Managementsprache eine Vielzahl wichtiger Textbausteine entwickelt, die in keiner Pressemitteilung und in keinem Statement fehlen dürfen." Moss nennt Beispiele wie „Unternehmen sind gut aufgestellt", „Kompetenzen werden gebündelt" und „auf innovative Management-Tools wird zurückgegriffen". „Nachhaltige Projekte sind zielführend." „Unternehmen generieren Gewinne, Umsätze und Mehrwerte." Manager lieben solche Floskeln. Diese Worthülsen werden Sie immer wieder hören können.

Wie aber fühlt sich der Leser, wenn ihm immer wieder „innovative Organisationsabläufe", „dynamische Synergieeffekte" und „qualifizierte Motivationsstrukturen" an den Kopf geworfen werden? Im besten Fall schaltet er auf Durchzug. Im schlechtesten macht er einen großen Bogen um Unternehmen, Verbände oder Politiker, die mit einem solchen Sprachbrei um seine Gunst werben. Denn das Gegenüber erkennt sehr wohl, wer sich hinter Floskeln verschanzt. Auch das ist wissenschaftlich erwiesen. Zuhörer und Leser beurteilen die Kompetenz und den Charakter von Managern auch danach, wie er seine Sätze strukturiert (vgl. Reinmuth 2006). Dass es sich lohnt, in verständliche Sprache zu investieren, zeigt auch eine Studie der Fachhochschule Osnabrück. Die Forscher hatten Mitarbeitern eines Energiekonzerns zwei Versionen eines Vortrags vorgelegt. Eine enthielt Sätze wie: „Das Commitment der Angestellten muss auch während der temporären Change-Prozesse und danach substanziell erhalten bleiben." In der anderen hieß es: „Auch während wir unser Unternehmen umbauen, müssen Sie, müssen wir alle zu unseren Zielen stehen und hart für sie arbeiten." Dann waren die Teilnehmer gefragt worden, welchen Text sie besser verstanden hätten und mit den Autoren welcher Variante sie lieber zusammenarbeiten wollten. Das Ergebnis war eindeutig: Das Vertrauen galt denjenigen, die den zweiten, den verständlicheren Text, geschrieben hatten.

2.4 Dengli-Mania

Kennen Sie das Gedicht von Heinrich Heine, das mit dem Titel *In der Fremde* überschrieben ist?

Ich hatte einst ein schönes Vaterland.
Der Eichenbaum
Wuchs dort so hoch, die Veilchen nickten sanft
Es war ein Traum.

Das küsste mich auf Deutsch und sprach auf Deutsch
(Man glaubt es kaum, wie gut es klang):
Das Wort: „Ich liebe dich!"
Es war ein Traum.[8]

Der „letzte Dichter der Romantik" schrieb dieses Gedicht Anfang des 19. Jahrhunderts. Er war nach Paris gezogen, weil er die Zensur und die Anfeindungen in Deutschland leid war. Dort schrieb er diese „Ode an die deutsche Sprache".

2.4.1 Mein Leben ist eine giving-story

Zwei Jahrhunderte später ist wenig von dieser Schwärmerei für die deutsche Sprache übrig geblieben. Englisch ist die Weltsprache. Englisch klingt modern und cool. Hinzu kommt: Zukunftsbranchen oder solche, die sich für solche halten, sind anglophon geprägt: das Internet, die Computertechnik sowie die Pop- und Jugendkultur. Wer dazu gehören will, committet sich auf Englisch. Oder versucht es zumindest durch einen Mix aus Deutsch und Englisch. Das kann dann klingen wie bei Jil Sander[9]: „Mein Leben ist eine giving-story. Ich habe verstanden, dass man contemporary sein muss, das future-Denken haben muss. Meine Idee war, die hand-tailored-Geschichte mit neuen Technologien zu verbinden. Und für den Erfolg war mein coordinated concept entscheidend, die Idee, dass man viele Teile einer collection miteinander combinen kann."

In den 1960er Jahren legten sich viele Kreative englische Künstlernamen zu. Und versuchten so, sich von der Masse abzuheben. Man denke nur an

---

8   Neue Gedichte, zit. nach DHA, Bd. 2, S. 73.
9   FAZ-Magazin 1996 zitiert nach Die Zeit, Nr. 27, 1. Juli, S. 45.

Mary Roos[10] und Roy Black[11]. Vor 50 Jahren war es vor allem die Avantgarde (oder diejenigen, die sich dazu zählten), die englische Begriffe oder Namen wählten, um sich hervorzutun. Mittlerweile ist das Englische in der Mitte der deutschen Gesellschaft angekommen. Airbag, Blackout, Think Tank, Hedge-Fonds, Weekend, Drive-In, Fastfood, Brainstorming, Flyer, Flatrate, Pay-TV. Das alles sind englische Begriffe, die wir tagtäglich verwenden – ohne groß darüber nachzudenken.

2.4.2 We want you!

Sind Sie auf der Suche nach einer neuen Stelle? Sie werden überrascht sein, wie viele englische Berufsbezeichnungen auf Sie einprasseln werden. Schlagen Sie nur irgendeine überregionale Zeitung an einem beliebigen Samstag auf. Dort werden Sie erschlagen von englischen Berufsbezeichnungen wie Business Development Manager, General Manager, Top Level Sales Manager oder Chief Operations Officer. Wer sich angesprochen fühlt, sollte sich asap (as soon as possible!) mit der HR (Human Resources Department oder schlicht Personalabteilung) oder besser noch mit dem Headhunter (Kopfjäger!) in Verbindung setzen.

Besonders diese Kopfjäger überbieten sich gegenseitig mit englischen Stellenangeboten. Auch in der Zunft der Pressesprecher und Öffentlichkeitsarbeiter wird eifrig mit englischen Job-Beschreibungen hantiert. Da werden „Corporate Communications Manager", „PR-Manager", „Senior PR-Manager" oder „PR-Professionals" gesucht. Der Chef heißt dann oft nicht einfach „Leiter der Pressestelle" oder „Leiter der Unternehmenskommunikation". Nein, er nennt sich „Head of Corporate Communications", „Head of Media Relations" oder „Head of Product-PR".

2.4.3 Der Travel Jungle

Ohne – zumindest rudimentäre Englisch-Kenntnisse – kommt man auch beim Reisen nicht weit. Der Travel-Jungle ist dicht. Am Airport hastet der Traveller zunächst zum Check-In. Dort erhält er seine Boardingcard. Der Smart-Travel-

---

10 Mary Roos heißt mit bürgerlichem Namen Rosemarie Böhm (geborene Schwab). Geboren ist sie in Bingen am Rhein.
11 Der bürgerliche Name von Roy Black war Gerhard Höllerich. Er kam in Bobingen-Straßberg bei Augsburg zur Welt.

ler hat natürlich schon vom Home-Office aus Web-Check-In gemacht. Happy ist der Frequent-Traveller, wenn die Airline den Flug nicht gecancelt hat! Vielleicht haben Sie sich eben beim Lesen dieser Zeilen gedacht: Ich bin nicht betroffen. Ich fliege nicht. Da haben Sie sich zu früh gefreut. Auch Zugfahrer werden mit Englisch oder Denglisch drangsaliert. Wer seine Fahrkarte über das Internet buchen will, dem empfiehlt die Bahn eine „Guided Tour zur Buchung eines Online-Tickets".

Wer die BahnCard besitzt, bekommt das Ticket günstiger. Am Service Point in der Bahnhofshalle kann sich der Kunde über den Bahn-Service beschweren oder einfach nur Informationen zu seinen Zugverbindungen einholen. Sie möchten ein Auto mieten? Auch das ist kein Problem. Es gibt ja den DB Carsharing-Service der Bahn. Wer mit dem Zug zum Flughafen fahren möchte, der kann den Rail&Fly-Service der Deutschen Bahn in Anspruch nehmen.

Wir stellen fest: Wer reisen möchte, muss Englisch können! Wer die Weltsprache nicht beherrscht, hat schlechte Karten. Der Schriftsteller Herbert Rosendorfer[12] unkte: „Wer Fahrkarte sagt, der ticket nicht mehr richtig." Und die CDU/CSU-Fraktion des Deutschen Bundestages stellte im März 2007 fest. „In Bahnhöfen und Flughäfen ist Deutsch mittlerweile Randsprache geworden."[13] Schlecht für die knapp 50 Prozent[14] der Deutschen, die im Englischen nicht so firm sind.

2.4.4 Unter Stockpickern und Alpha-Fonds

Man hat den Eindruck, die „Dengli-Mania" grassiere. Ganz schlimm treiben es auch die Unternehmen, die sich rühmen, unser Geld gewinnbringend anlegen zu wollen. Sie ködern uns mit Absolute-Return-Strategien und Global Asset Allocations und rühmen sich als Stockpicker. Sie sprechen von Total Return

---

12 Vgl. Herbert Rosendorfer, Deutsche Sprachwelt Ausgabe 28, 2007, S. 12.

13 Deshalb fordert die CDU-CSU-Fraktion, dass man sich als Verbraucher in Deutschland mit dem Beherrschen der deutschen Sprache zurechtfinden müsse. Dafür müsse die Bundesregierung dreierlei tun. Erstens in allen von ihr verantworteten Texten Vorbild sein. Zweitens als „Anteilseigner, Genehmigungsbehörde oder Investor dafür sorgen, dass in Bahnhöfen, Flughäfen und anderen öffentlichen Gebäuden für Schilder und Leitsysteme „die deutsche Sprache zwingend genutzt wird", drittens in der Wirtschaft darauf dringen, dass Verträge, Formulare, Rechnungen, Betriebsanleitungen und Garantieversprechen mindestens *auch* deutsch geschrieben seien (zitiert nach Wolf Schneider, Speak German!, S. 89).

14 Laut einer Allensbach-Studie im Auftrag der Gesellschaft für deutsche Sprachwissenschaft können 47 Prozent der Deutschen kein Englisch sprechen oder verstehen. 63 Prozent der Bundesbürger können Englisch „zumindest einigermaßen gut" sprechen und verstehen.

Swaps, Contango oder Backwordation. Die Fondsmanager generieren fleißig Alpha, gehen Delta-Hedges ein und setzen Covered Call Strategien um. Und der Kunde versteht nur Bahnhof!

2.4.5 Einfach wie eine Sense im Leben ohne Knöpfe

Auch in der Werbung ist Englisch angesagt. Das führt zuweilen zu großer Verwirrung. Das jedenfalls ist das Ergebnis der Claimstudie 2009 der Agentur Endmark[15]. Der Elektronik-Hersteller Philips wollte mit seinem Werbespruch „Sense and simplicity" betonen, wie einfach und sinnvoll der Rasierer zu bedienen sei. Diese Botschaft kam jedoch nicht an. Stattdessen wurde munter spekuliert: Sinn und Einfalt? Die Sinne simpel ansprechend? Einfach wie eine Sense?

Ähnlich großes Rätselraten löste die Bierbrauerei Karlsberg aus. Mit ihrem Werbespruch „taste tuned" wollte sie auf den verstärkten, besseren Geschmack ihres Biermixgetränkes aufmerksam machen. Die Biertrinker verstanden: „Geschmack dreht Dich um", „Versuchs getönt" oder „die Taste ist getuned".

„It's an Addiction": So versuchte der Schuhhersteller Humanic, Kunden zu ködern. Versuch misslungen! Die Kunden fragten sich nämlich, ob hier ein Süchtiger oder doch eine Addition im Spiel sei.

Die Agentur Endmark konfrontierte die Teilnehmer der Studie auch mit der Frage, was denn „Broadcast yourself" heißen könnte. Damit hatte Google für Youtube geworben. „Mache den eigenen Brotkasten" oder „Entdecke Dich selbst", waren die Antworten. Im Angebot war auch „Füttere Dich selbst" und „Oute Dich selbst". Das alles hatten die Werbetexter jedoch nicht gemeint. Wörtlich übersetzt heißt „Broadcast yourself" nämlich so viel wie „Sende dich selbst" oder „Sende selbst". Google wollte damit auf die Möglichkeit hinweisen, Bilder auf eine Plattform zu stellen, die sich jeder andere dann anschauen kann.

Auch der Werbespruch „Adjust your comfort zone" des Schweizer Sportbekleidungsherstellers Odlo gab Anlass zu wildesten Spekulationen: „Nehmen Sie Ihre Schokoladenseite wahr", „Genieße Dein Inneres" oder „Forme Deine

---

15 Die Agentur Endmark hat in der repräsentativen Umfrage „Endmark Claimstudie 2009" gut 1.000 Menschen mit deutscher Muttersprache bekannte englischsprachige Werbesprüche vorgelegt und sie gefragt, was diese Sprüche ihrer Meinung nach bedeuteten und ob sie diese sinngemäß übersetzen könnten. Die Befragten waren zwischen 14 und 49 Jahre alt und kamen aus vier deutschen Städten.

Zone", lauteten die Vorschläge. Dabei wollte Odlo mit diesem Werbespruch sagen: Jeder kann den Zustand selbst bestimmen, in dem er sich wohlfühlt. Ähnlich kurios wie „Adjust your comfort zone" übersetzten die Teilnehmer der Claimstudie den Werbespruch der Jeansfirma Levi's „Live Unbottened". Sollte das etwa „Leben ohne Knöpfe", „Leben am Knopf" oder gar „Lebendig angeknöpft" heißen? Wörtlich übersetzt heißt der Werbespruch: „Lebe nicht zugeknöpft" oder freier übersetzt: „Sei Frei", „Sei du selbst", „Lebe ungezwungen".

Mit englischen Werbesprüchen den Markt erobern? Das Motiv dahinter ist klar: Die Unternehmen möchten sich einen internationalen Anstrich geben, alles Provinzielle abschütteln. Die englische Sprache wirkt für viele Werber offensichtlich moderner, jugendlicher, weltläufiger und weniger umständlich als das Deutsche, so das Fazit der Claim Studie 2009. Aber: Die Beispiele zeigen auch. Das Experiment geht oft schief. Die Verständlichkeit bleibt auf der Stecke.

Das hat auch so manches Unternehmen registriert und darauf reagiert. So hieß es beispielsweise vor einigen Jahren bei der Parfümeriekette Douglas noch „Come in and find out". Für deutsche Ohren klang das wie „Komm rein und finde wieder heraus". Genau das wollte Douglas aber nicht sagen. Vielmehr forderte die Parfümeriekette mit dem Werbespruch auf, die Läden zu besuchen, um selbst herauszufinden, wie gut die Produkte sind. Mittlerweile wirbt Douglas in Deutschland mit dem simplen und doch verlockenden deutschen Spruch „Douglas macht das Leben schöner". Auch Air Berlin stellte sich schnell um. Denn „Fly Euro Shuttle" klang für deutsche Ohren zu sehr nach „Euro-Schüttelflug". Jetzt wirbt Air Berlin mit einem schlichten „Genau deine Airline". Früher rätselten die Leute bei dem Spruch „Life by Gorgeous" von Jaguar, worin der Reiz des „Lebens mit Georg" oder „des Lebens in Georgien" bestehe. Jetzt wirbt der Sportwagenhersteller mit „Sinnliche Faszination, die begeistert". Auch Vodafone musste weg von „Make the most of now" („Mache das Beste aus der Gegenwart"), wurde dies doch mit „Mach keinen Most daraus" übersetzt. Jetzt wirbt Vodafone mit dem Blogger Sascha Lobo und dem Slogan „Es ist Deine Zeit".

Mit deutschen Werbesprüchen haben Unternehmen eine größere Chance, ihre Botschaften zu platzieren. Schließlich sind die bekanntesten Werbesprüche deutsch[16]. „Alles Müller oder was", „Otto, find ich gut" oder „Nichts ist unmöglich". Die Sprüche „Geiz ist geil" und „Ich bin doch nicht blöd" oder „Lass

---

16   Vgl. www.slogans.de.

Dich nicht verarschen, vor allem nicht beim Preis" sind mittlerweile aus der deutschen Sprache nicht mehr wegzudenken. Klingt doch auch sympathisch, wenn Unternehmen auf Deutsch werben. Wie zum Beispiel mit: „Schweiß fließt, wenn Muskeln weinen" (Hornbach) oder „Heute mache ich mal, was ich will. Nichts." (Gauloises Blondes). Auch McDonald's ist von seinen englischen Werbesprüchen längst abgekommen. Hieß es früher „Every time a good time" („zu jeder Zeit eine gute Zeit"), so heißt es heute schlicht „Ich liebe es".

In ihrem Buch „Deutsch für Inländer" nennen Claßen und Reins den Mix aus Deutsch und Englisch Cool-Deutsch. Wer spricht Cool-Deutsch? „Natürlich die, die im daily Business englisch sprechen. Also Leute in Companies, die multinational operieren. Wer von eight to five Englisch spricht, für den ist das nicht so easy, in the end of the day zum Deutschen zu switchen. Denn meist betreiben sie auch privat networking – über die Grenzen von good old Germany hinaus (…).[17]

---

[17]   Zitiert nach Claßen/Reins 2007: 151.

3. Die neuen Deutschs

3.1 Der Sims-Sprech

Wir leben im Handy-Zeitalter und kommunizieren über SMS (Short Message Service). Die „thumb generation" simst, was das Zeug hält. Auch Kanzlerin Angela Merkel soll eine Anhängerin des „schnellen Worts" sein. Auf das Display eines Handys passen keine Romane. Deshalb muss man sich kurz halten und Abkürzungen verwenden. Manche sprechen sogar von einem Handy-Geheimcode der „Digital Natives". Wenn der Magen knurrt, heißt der Code *HAHU* (*Habe Hunger*). *MaMiMa* heißt so viel wie *Mail mir mal, ptmm* steht für *please tell me more. Schlaf gut und träume was Schönes* heißt in der Handy-Sprache *SGUTWS*. Und was bedeutet *HASE*? *Habe Sehnsucht* natürlich. *KV* steht für *Kannste vergessen*. Sehr beliebt ist auch das Kürzel *lol*. Das bedeutet *laughing out loud* oder deutsch: *lautes Lachen*. So könnte also eine kurze Kommunikation aussehen:

LZS? (Lust zu schreiben?)

DN (Du nervst!) lamiinfri (Lass mich in Frieden) islano (ich schlafe noch)

MeMiWi (Melde mich wieder) GDB (Ganz dickes Bussi).[18]

3.2 Der Lena-Sprech

Lena Meyer-Landrut hat 2010 den Grand-Prix-d'Eurovision in Oslo gewonnen. Und nebenbei hat sie auch eine ganz eigene Sprache entwickelt. Hier lernen Sie Lena – so titelte die BILD-Zeitung am 2. Juni 2010 und liefert die Übersetzung der Lena-Wörter in echtes Deutsch gleich mit:

---

18 Diese und andere Vokabeln für den SIMS-Sprech finden sich in Claßen/Reins 2007: 148 ff.

Ich danke 480 Millionen Mal wie ein kleines Hundebaby bedeutet *tiefe Dankbarkeit.*

Ich gehe atmen bedeutet *Ich bin müde.*

Ich mach erst mal Schnucki steht für *totale Erschöpfung.*

Verdammte Axt, ist das geil! – ist das Kürzel für große Begeisterung.
Mit diesem Spruch hat Lena Meyer-Landrut sich auch im Goldenen Buch ihrer Heimatstadt Hannover verewigt.

Ich habe voll Bock, olé, olé steht für *große Motivation.*

Alter Finne spricht für *große Verwunderung*

Wenn sie erschrocken ist, sagt Lena *Meine Gefühle sind geschockt.*

Dankbarkeit drückt sie mit *Dankeschönst* aus.

Ob diese Sprache dauerhaft in die Jugendsprache Eingang findet, bleibt jedoch abzuwarten.

Am 31. Mai 2010 erklärte Bundespräsident Horst Köhler seinen Rücktritt[19]:

Meine Äußerungen zu Auslandseinsätzen der Bundeswehr am 22. Mai dieses Jahres sind auf heftige Kritik gestoßen. Ich bedauere, dass meine Äußerungen in einer für unsere Nation wichtigen und schwierigen Frage zu Missverständnissen führen konnten. Die Kritik geht aber so weit, mir zu unterstellen, ich befürwortete Einsätze der Bundeswehr, die vom Grundgesetz nicht gedeckt wären. Diese Kritik entbehrt jeder Rechtfertigung. Sie lässt den notwendigen Respekt für mein Amt vermissen.

Ich erkläre hiermit meinen Rücktritt vom Amt des Bundespräsidenten – mit sofortiger Wirkung. Ich danke den vielen Menschen in Deutschland, die mir Vertrauen entgegengebracht und meine Arbeit unterstützt haben. Ich bitte sie um Verständnis für meine Entscheidung.

Verfassungsgemäß werden nun die Befugnisse des Bundespräsidenten durch den Präsidenten des Bundesrates wahrgenommen. Ich habe Herrn Bürgermeister Böhrnsen über meine Entscheidung telefonisch unterrichtet, desgleichen den Herrn Präsidenten des Deutschen Bundestages, die Frau Bundeskanzlerin, den Herrn Präsidenten des Bundesverfassungsgerichts und den Herrn Vizekanzler. Es war mir eine Ehre, Deutschland als Bundespräsident zu dienen.

Die BILD-Zeitung hat die Rücktrittserklärung des Bundespräsidenten Horst Köhler in die Lena-Sprache übersetzt. Das hört sich dann in Auszügen so an:[20]

Hallo, ich bin der Horst. Ich bin 67 Jahre alt. Ich habe heute Nacht erst mal dreieinhalb Stunden Text auswendig gelernt. Ha! Habe ich nicht. Also: Als ich mein Blabla über die Soldatenjungs gemacht habe, sagten alle **NÖÖÖÖÖÖÖÖÖÖÖÖÖÖÖÖt!**

Ich find's echt voll semicool, dass so'n Ding für so viel Ärger sorgt. **Alter Finne, geht gar nicht! Meine Gefühle sind geschockt.** *Ich will doch keinen Krieg.(...) Mein Job braucht mehr Respekt. Ich schmeiße hin. Ich will nicht mehr Euer Präsident sein. Ab jetzt. Boah, ich flippe aus (...).*

Ich danke Euch allen ganz, ganz hunderttausend, **480 Millionen Mal wie ein kleines Hundebaby. (...)**

---

19   http://bundespraesident.de/-,2.664352/Erklaerung-von-Bundespraesiden.htm.
20   Vgl. BILD-Zeitung vom 2. Juni 2010, S. 9.

*Aber jetzt müsst Ihr das so hinnehmen. Aber ich kann es ja selber noch nicht fassen. Das ist total irreal, absolut wahnsinnig! Sollen andere doch den Planer machen, **die voll Bock haben, olé, olé.** Also alles ganz easy. Es war geil, Deutschland zu dienen, **verdammte Axt.** Jetzt werde ich erst mal ein **bisschen atmen und Schnucki machen. Dankeschönst,** Euer Horsti.*

3.3 Der Kultur-Sprech

Kennen Sie den Kultur-Sprech? Nein? Dann schlagen sie doch einmal das Feuilleton einer überregionalen Qualitätszeitung auf. Oder lauschen Sie, wie sich die moderne Bohème in Unterhaltungen in Theatern, Konzertsälen oder Vernissagen inszeniert und ihre Connaissance zelebriert. Sie werden staunen, wie wenig Sie verstehen. Obwohl alle deutsch sprechen, ist es nicht Ihre Sprache. Das ist so gewollt: Das ist Ziel der Übung. Denn Fachbegriffe und Fremdwörter, gedrechselte Sätze, ein komplizierter Satzbau, Nominalstil und Schachtelsätze demonstrieren intellektuelle Überlegenheit.

Beispiele gefällig? Blonde Haare, zumal noch solche illuminös blonden Haare sind doch das koloristische Dirigat aller Männerträume Oder glaubst Du, das Postulat Habermas sei purer Eklektizismus?[21]

Beliebt sind auch lateinische oder griechische Begriffe oder Zitate. Aber nicht solche, die jeder kennt wie „non scholae, sed vitae discimus" („nicht für die Schule, sondern für das Leben lernen wir") oder „veni, vidi, vici" („ich kam, sah und siegte"). Dann eher „de nihilo nihil" („von nichts kommt nichts") oder „vestimentum non facit monachum" („nicht die Kleidung macht den Mönch").

---

21   Beispiele in Claßen/Reins 2007: 49.

Mit folgender Übung können auch Sie perfekt im Kultur-Sprech werden. Hier einige Regeln (zitiert nach Claßen/Reins 2007: 53 ff):

Regel 1:   Die goldene Regel („Oberste Prämisse") lautet: Ich darf nicht verstanden werden. Aus ihr leiten sich alle weiteren Regeln ab.

Regel 2:   Wenn Sie einen einfachen, geläufigen Begriff kennen, um einen Sachverhalt auszudrücken, verwenden Sie ihn nicht, sondern wählen stattdessen einen komplizierten und schwer verständlichen. Denn das klingt nicht nur vornehm, sondern distinguiert.

Regel 3:   Verwenden Sie so viele Fremdwörter wie möglich. Meiden Sie dabei aber englische Begriffe. Denglisch ist nicht kultiviert und gilt als unfein. Besser sind italienische oder französische Vokabeln.

Regel 4:   Unerlässlich sind lateinische und griechische Vokabeln. Denn die klassischen Sprachen gelten seit dem aufstrebenden Bürgertum in Deutschland als Zeichen der Bildung und machen ein Individuum erst zu einem vollwertigen Menschen.

Regel 5:   Besonders gebildete Menschen erkennt man daran, dass sie geflissentlich ein lateinisches Zitat einstreuen können. Diese dürfen aber nicht allzu bekannt sein.

Regel 6:   Versuchen Sie, Einfaches kompliziert auszudrücken.

Regel 7:   Verwenden Sie Nominalstil.

Regel 8:   Verwenden Sie Schachtelsätze. Dabei ist es nicht von Bedeutung, ob ein Schachtelsatz zu Ende geführt wird. Sie wollen ohnehin nichts mitteilen, was verstanden wird.

Regel 9:   Denken Sie an Ihre Schulzeit zurück, als der Deutschlehrer vorgab, Adjektive schmückten einen Satz, und verwenden Sie Adjektive dementsprechend oft (geradezu inflationär).

Regel 10:   Der Grad des Expertentums bemisst sich nach dem Grad der Unverständlichkeit.

Regel 11:   Verwenden Sie Begriffe auch in einem völlig unpassenden Zusammenhang.

Regel 12: Schaffen Sie Wortblähungen und verwenden Sie Tautologien.

Regel 13: Lassen Sie Ihrer Phantasie freien Lauf: Suchen Sie sich Begriffe aus anderen Fachbereichen aus und deuten diese nach Belieben um.

3.4 Die Bürokraten-Sprache

Noch immer herrscht in deutschen Amtsstuben ein ganz eigener Sprachstil vor – gestelzter Nominalstil und altbackene Begriffe. Woran liegt das? Die Verwaltungssprache war ursprünglich Latein. Diese Sprache beherrschten nur wenige, nämlich vor allem die offiziellen Schreiber und Protokollisten in den Kanzleien des weltlichen und geistlichen Adels. Dieses Kanzlei-Latein mischte sich später mit der deutschen Sprache. Im 17. und 18. Jahrhundert kamen noch Begriffe aus dem Italienischen und Französischen hinzu. So entstand eine kaum mehr verständliche, förmliche, unpersönliche und gespreizte Amtssprache. Ihre Relikte finden sich bis heute in Verwaltungsschreiben (vgl. Interview in JUSTUF – Das Magazin für junge Juristen, Ausgabe Juni 2010, 60 f.)

Mit dem antiquierten Behördendeutsch soll jetzt Schluss sein. Zumindest, wenn es nach dem Willen einer Gruppe von Wissenschaftlern der Ruhr-Universität Bochum geht. Ganz nach dem Motto von Gustav Radbruch: *Der Gesetzgeber soll denken wie ein Philosoph und reden wie ein Bauer,* knüpft das Team, zu dem Juristen und Germanisten gehören, mit seinem „Internet-Dienst für moderne Amtssprache (IDEMA)" ein Netzwerk für alle, die sich für ein verständliches Amtsdeutsch stark machen. Kernstück ist eine Datenbank mit verständlichen Mustertexten.

Hier einige Beispiele[22]:

So besser nicht:

Zur Abklärung der noch offenstehenden Fragen möchte ich Sie bitten, sich zu den oben genannten Sprechzeiten telefonisch mit mir in Verbindung zu setzen.

Dann eher so:

Bitte rufen Sie mich an, damit wir die noch offenen Fragen klären können. Meine Telefonnummer ist XYZ. Zu diesen Zeiten können Sie mich erreichen: (Übersicht Sprechzeiten)

So besser nicht:

Die Abfallberatung der XY-GmbH hat Sie mit Schreiben vom (Datum) auf diesen Missstand aufmerksam gemacht und hat Sie gebeten, das Restmüllbehältervolumen entsprechend der Menge des tatsächlich regelmäßig anfallenden Abfalls von bisher 10 Litern auf 15 Liter Gesamtvolumen zu erhöhen.

Dann eher so:

Die Abfallberatung der XY-GmbH hat Sie deshalb gebeten, größere/zusätzliche Restmüllbehälter zu bestellen (Schreiben vom ...).

Auch Wiesbadens Oberbürgermeister Helmut Müller entrümpelt die Sprache. Seit 2008 schwört er alle seine Verwaltungsleute auf einfaches Deutsch ein. „Wir wollen schreiben, wie man einem Bekannten schreiben würde, dem man etwas Wichtiges mitteilt. Also in einer Sprache, die nicht gestelzt ist, und in Sätzen, die nicht über eine halbe Seite gehen", so Müller. Professionelle Unterstützung bekommt er von der Gesellschaft für Deutsche Sprache.[23]

---

22   Idema – Moderne Verwaltungssprache, http://www.moderne-verwaltungssprache.de/186.html.
23   http://www.dw-world.de/dw/article/0,,6017561,00.html.

4. Die Macht der Sprache

4.1 Fachchinesisch

Unternehmen, Verbände und Politiker sind immer auch Erklärer. In der Regel kennen sie ihr Produkt, ihre Dienstleistung oder ihre Argumente am besten. Ihre Aufgabe ist es dann, Kompliziertes verständlich zu machen. Sie müssen Fachchinesisch in allgemein verständliches Deutsch übersetzen. Je besser dies gelingt, desto erfolgreicher werden sie sein. Auch hier ist Sprache der Schlüssel zum Erfolg. Dies gilt ganz besonders für Öffentlichkeitsarbeiter, die für abstrakte Dinge werben müssen. Warum? Lassen Sie es uns am Beispiel eines Pressesprechers für Finanzen verdeutlichen: Das Bankgeschäft ist für die meisten Kunden etwas sehr Abstraktes. Geld ist zwar wichtig, intensiv mit dem Thema beschäftigen will sich aber kaum einer. So zeigen Studien immer wieder, dass es um das ökonomische Grundwissen der Deutschen nicht allzu gut bestellt ist.[24] Bargeld und Gold kann man immerhin anfassen und nach Hause oder zum Tresor tragen. Aber wie steht es mit Aktien, Anleihen, Fonds und Zertifikaten? Das sind abstrakte Produkte. Trotzdem: Wer sie kauft, sollte sie verstehen. Und hier kommt die Sprache ins Spiel. Sie ist das wichtigste Werkzeug eines Bankberaters, wenn er seinem Kunden ein Produkt erklären und mit Argumenten überzeugen will. Das muss er auch. Denn gerade in der Finanzkrise wollen die meisten Kunden noch genauer wissen, warum sie zu Produkt A greifen und von Produkt B lieber die Finger lassen sollten. Sie wollen die Unterschiede begreifen.

4.2 Politiker-Sprech

4.2.1 Der Polit-Monitor

Auch Politiker können nur dann überzeugen, wenn die Bürger sie verstehen. Der Kommunikationswissenschaftler Frank Brettschneider und sein Team

---

24 Vgl. statt aller Jugendstudie 2009 des Bankenverbandes, www.bankenverband.de.

von der Universität Hohenheim untersuchen, wie Parteien kommunizieren.[25] Dabei haben sie die Wahlprogramme der Parteien zur Bundestagswahl 2009 unter die Lupe genommen (Wahlprogramm-Check 2009 – Die Bundestagswahlprogramme der Parteien im Vergleichstest, Juli 2009). Das Ergebnis: Der Inhalt der Bundestagswahlprogramme ist schwer bis sehr schwer verständlich. Wer die Programme verstehen will, braucht profundes politisches Grundwissen. Woran das liegt? Fachbegriffe werden vorausgesetzt, Fremd- und Fachwörter kaum erklärt.

Die meisten Fach- und Fremdwörter gebrauchte die Partei „Die Linke". Sie konfrontierte ihre Leser mit „Agro-Gentechnik" und „Konversionsprogrammen". Sie schwadronierte von „regenerativer Vollversorgung" und „Agroenergie-Importen". So schreibt „Die Linke" in ihrem Wahlprogramm: „Wir brauchen eine ökologisch-technische Effizienzrevolution, eingebettet in alternative Lebensstile."

Aber auch die FDP wirft mit Fachtermini nur so um sich: So bezeichnen die Liberalen Deutschland als „landwirtschaftlichen Gunststandort". Sie wollen „niedrigere Netzentgelte im Wege einer strikten Kontrolle der Netzbetreiber durch Effizienzsteigerung und Versorgungsqualität im Betrieb der Netze erreichen." Außerdem soll „der konsequente Weg zur Aufdeckung von Ineffizienzen bei der Erhebung von Netzentgelten weiterverfolgt und eine weitergehende Entflechtung der Energienetze angestrebt werden."

Auch Kuriositäten fanden sich in den Wahlprogrammen aller Parteien. So meinten die Grünen: „Die Köpfe unserer Kinder sind unsere wichtigste Ressource". Und die CDU/CSU empfahl eine „Abflachung des Mittelstandsbauches".

Zur Bundestagswahl 2009 haben die Forscher der Universität Hohenheim auch die Sprache von Bundeskanzlerin Angela Merkel und ihrem Herausforderer Frank-Walter Steinmeier untersucht. Das Fazit: Wirklich verständlich formulieren die beiden fast nur, wenn sie den jeweiligen politischen Gegner kritisieren. Eigene Sachvorschläge lassen hingegen oft an sprachlicher Klarheit zu wünschen übrig, so das Ergebnis einer Studie der Universität Hohenheim in Zusammenarbeit mit dem Communication Lab Ulm.

Bandwurmsätze mit 50 Wörtern oder mehr, verschachtelte Sätze, Fremdwörter wie „kalte Progression", die dem Leser oder Zuhörer nicht erklärt werden: So sieht die Sprache aus, mit der sich Angela Merkel und Frank-Walter Steinmeier im Wahlkampf empfohlen haben. Wobei sich der Herausforderer

---

25 Vgl. https://www.uni-hohenheim.de/politmonitor/start.php.

noch wesentlich verständlicher ausdrückte als die Kanzlerin.[26] Dazu konsta-
tierte der Kommunikationswissenschaftler Brettschneider: „Statt klarer Formulierungen finden sich oft Aussagen, die von Bürokratismen und Politiker-
Jargon durchzogen sind."

Die Wissenschaftler der Universität Hohenheim fanden heraus, dass Pressemitteilungen der Parteien in einem Jargon verfasst sind, der eher abschreckt.
Auch die Internet-Seiten würden nicht unbedingt zum Lesen einladen. „Möglichst wenig Fremdwörter, kurze Sätze, einfache Satzstruktur und ein logisch
aufgebauter Text mit Zwischenüberschriften – das sollte bei komplexen Inhalten
und gerade im Internet Standard sein", so Kommunikationswissenschaftler Jan
Kercher. Das scheine sich in Berliner Ministerien noch nicht herumgesprochen
zu haben – unabhängig davon, welche Parteien gerade an der Regierung sind.

„Das Bundeskabinett hat heute den Entwurf einer Formulierungshilfe für
einen Änderungsantrag zur Ausweitung der Schutzklausel bei der Rentenan-
passung beschlossen." Damit beginnt ein Informationstext des Bundesarbeits-
ministeriums. „Wer diesen Satz liest, hat schon längst weggeklickt. Denn der
Satz besteht fast nur aus Substantiven", sagt Anikar Haseloff, Fachmann für
Verständlichkeitsforschung an der Universität Hohenheim. Das Wissenschaft-
ler-Team hat den Satz folgendermaßen umformuliert: „Die Bundesregierung
hat heute den Entwurf zu einem Gesetz beschlossen, das die Höhe der Ren-
te schützen soll."[27]

4.2.2 Der Hohenheimer Verständlichkeitsindex

Der „Hohenheimer Verständlichkeitsindex" untersucht, wie verständlich sich
die Parteien ausdrücken. Danach formuliert die Partei „Die Linke" von allen
Parteien noch am klarsten. Und das, obwohl sie die meisten Fach- und Fremdwörter gebraucht. Auf einer Skala von 0 (unverständlich) bis 20 (sehr verständ-

---

26   Auf dem Verständlichkeitsindex (0 Punkte = sehr unverständlich, 20 Punkte = sehr ver-
      ständlich) erreichte Steinmeier 16,4 Punkte. Die Bundeskanzlerin kam nur auf 13,9 Punkte.
27   An dieser Stelle sei auf den Hohenheimer Polit-Monitor (https://www.uni-hohenheim.de/
      politmonitor/start.php) hingewiesen. Er ermittelt monatlich, wie verständlich die Parteien
      auf ihren Homepages und in ihren Pressemitteilungen kommunizieren. Außerdem erfasst
      er, welche Themen bei den Parteien im Fokus stehen und welches Vokabular sie dabei
      verwenden.

lich) lag sie zwischen Januar und Juni 2010 zwischen gut 11,25 und 10,96. Am schlechtesten schnitten im selben Zeitraum CDU[28] und Grüne[29] ab.

Wie wichtig eine klare und verständliche Sprache ist, scheint weder in der Politik noch bei Unternehmen angekommen zu sein. Dabei macht sich verdächtig, wer sich immer unklar ausdrückt. Der Leser oder Zuhörer fragt sich zu Recht: Will er etwas verschleiern? Oder: Hat er selbst nicht verstanden, wovon er schreibt oder spricht? Beide Möglichkeiten tragen nicht unbedingt dazu bei, das Vertrauen und die Glaubwürdigkeit zu stärken.

Der ehemalige Bundespräsident Johannes Rau hat es in seiner letzten Rede als Bundespräsident auf den Punkt gebracht[30]: „Die Politik muss die Initiative wiedergewinnen gegenüber wirtschaftlichen und anderen Einzelinteressen. (…) Dazu brauchen wir zunächst einmal eine verständliche politische Sprache. Oft hören wir ja ein seltsames Gemisch aus Abkürzungen und Neubildungen, aus halb verdeutschtem Englisch oder aus absichtlicher Schwammigkeit, aus Verharmlosung und Fachchinesisch. Was man nicht verstehen kann – und vielleicht auch nicht verstehen soll – das schafft kein Vertrauen. Manchmal glauben die Menschen auch, die Redner wüssten selber nicht so genau, worüber sie sprechen, so abstrakt und lebensfern hört sich vieles an. Eine verständliche und klare Sprache ist aber notwendig, auch im öffentlichen Streit mit Wort und Widerwort. „Was man nicht verstehen kann und vielleicht auch nicht verstehen soll, das schafft kein Vertrauen."

4.3 Die wichtigsten Botschaften

„Wer das Ziel nicht kennt, für den ist kein Weg der Richtige." Diesen Satz hämmern Jura-Repetitoren ihren Studenten ein. Wer nicht weiß, wohin er will, der kann sich auch für keinen Weg entscheiden. In der Theorie ist das eigentlich jedem klar. Die Praxis zeigt jedoch, dass es gar nicht so einfach ist und leider auch zu selten beherzigt wird. Wer sich ans Schreiben macht, sollte sich zuerst einmal fragen: Was will ich überhaupt sagen? Was sind meine wichtigsten Botschaften? Haben Sie Mut: Wenn Sie keine Botschaften haben, dann

---

28   Die CDU startete im Januar 2010 von einem geringen Niveau (4,75) und konnte sich bis
     Juni 2010 auf 7,69 steigern.
29   Die Grünen kamen im Juni 2010 auf 7,26.
30   Vertrauen in Deutschland – eine Ermutigung, Berliner Rede 2004 von Bundespräsident
     Johannes Rau, 12. Mai 2004, http://www.bundespraesident.de/Reden-und-Interviews/
     Reden-Johannes-Rau-,11070.94871/Vertrauen-in-Deutschland-eine-.htm.

schreiben Sie auch nichts. Beim irischen Schriftsteller Oscar Wilde hätten Sie damit auf jeden Fall einen Stein im Brett. Er sagte einmal: „Gesegnet seien jene, die nichts zu sagen haben und den Mund halten." Vielleicht können oder dürfen Sie aber nicht schweigen, weil der Chef Ihnen im Nacken sitzt. Dann denken Sie weiter nach: Was ist meine Kernbotschaft? Welche Informationen möchte ich vermitteln?

Im nächsten Schritt drängt sich dann die Frage auf: Warum möchte ich gerade diese Botschaften senden? Und ganz wichtig: Interessiert sich meine Zielgruppe überhaupt für die Informationen, die ich ihr anbiete? Ein Redakteur braucht eine Schlagzeile. Ein Politiker sucht ein neues Thema oder eine neue Argumentation zu einem alten Thema. Ein Leser will Informationen, die ihm helfen, seinen Alltag besser zu bewältigen. Das Publikum möchte auf unterhaltsame Weise erfahren, wie der Redner zu einer bestimmten Frage steht. Was also will mein Gegenüber? Und: Wie kann ich mit meinem Text die Aufmerksamkeit des Lesers oder Zuhörers erreichen?

Hartnäckig hält sich die Mär: Alle Texte, die ein Unternehmen, eine Partei oder einen Verband verlassen, müssen kompliziert geschrieben sein. Genauso weit verbreitet ist die Meinung, Manager-Reden müssten in einer verschachtelten Sprache geschrieben sein. Am besten noch gespickt mit Fach- und Fremdwörtern. Dabei macht die chronische Komplizieritis Texte meist nicht besser, sondern in der Regel schlechter. Denn wer wirklich weiß, was er sagen will, der kann das auch einfach sagen. Dazu bemerkte der französische Schriftsteller und Regisseur Jean Cocteau: „Unter Stil verstehe ich die Fähigkeit, komplizierte Dinge einfach zu sagen – nicht umgekehrt." Bandwurmsätze, komplizierter Satzbau und Nominalstil mit einer Flut von abstrakten Begriffen – das alles überfordert den Leser. Der Schreiber muss sich immer klar machen: Im Normalfall wartet niemand brennend darauf, etwas von ihm zu lesen oder zu hören. Berufsleser werden jeden Tag mit Informationen überflutet. Einen Text nicht zu lesen oder nur zum Teil, ihn nur zu überfliegen oder die Lektüre ganz abzubrechen, ist der Normalfall – das können Sie ganz leicht selbst testen. Deshalb gilt: Der Schreiber muss sich quälen, nicht der Leser! Oder, wie es der kolumbianische Philosoph Nicolás Gómez Dávila einmal gesagt hat: „Der Schriftsteller, der seine Sätze nicht foltert, foltert seine Leser."

Tipp:

Bevor Sie mit dem Schreiben beginnen, fragen Sie sich:

- Welche Kernbotschaften will ich vermitteln?
- Kann ich die Kernbotschaften kurz und griffig zu Papier bringen?
- Interessiert sich meine Zielgruppe für meine Botschaften?

4.4 Wer ist die Zielgruppe?

Wer professionelle PR-Texte schreiben will, muss seine Zielgruppe kennen. Das ist mindestens genauso wichtig wie die richtigen Botschaften zu formulieren. Wer kauft mein Produkt? Wer nimmt meine Dienstleistung in Anspruch? Wer interessiert sich für meine Argumente? Wen will ich mit meiner Politik überzeugen? Viele Unternehmen analysieren ihre Zielgruppen sehr genau. Vom Alter über das Geschlecht bis hin zur Parteizugehörigkeit wissen sie *alles* über sie. Sie wissen, wie ihre Zielgruppe tickt. Trotzdem verwenden sie wenig Zeit und Mühe darauf, zu überlegen: Wie kann ich meine Zielgruppe am besten ansprechen? Das ist schade. Denn gerade die Art und Weise der Ansprache entscheidet oft darüber, ob und wie ein Text beim Gegenüber ankommt. Sie kennen ihn sicher auch, den Onkel, Vater, Großvater, der stundenlang oberlehrerhaft über seine Sicht der Dinge doziert, grantig reagiert, wenn er unterbrochen wird und nur seinen eigenen Standpunkt gelten lässt? Ja? So ähnlich können auch Texte daherkommen. Texte, die mit keinem Satz auf ihr Gegenüber eingehen. Denen es egal zu sein scheint, ob sie den Adressaten interessieren oder nicht. Die Leser fühlen sich von einem solchen Text nicht ernst genommen. Sie fühlen sich wie Staffage, die dazu verdammt ist, sich das endlose Geplapper anzuhören. Denn ein – wenn auch nur imaginärer – Dialog hat nicht den Hauch einer Chance. Die Wünsche des Gegenübers werden übergangen. Das rächt sich. Der Adressat wird so schnell wie möglich das Weite suchen. „Nicht-Weiterlesen ist der Normalfall", sagt Wolf Schneider. Recht hat er. Schließlich gibt es ja auch noch andere Informationsquellen.

Vielleicht möchten Sie mit Ihrem Text ja auch für ein Produkt werben. Dann sollten Sie sich überlegen: Welche Wünsche soll das Produkt befriedigen? Gibt es Bilder, die diese Wünsche plastisch machen? Die zentralen Fragen sind dann: Welches Bedürfnis hat meine Zielgruppe? Und wie kann ich

dieses befriedigen? Wie wecke ich beim Kunden die Lust, gerade dieses Produkt haben zu müssen? Wie überzeuge ich mein Gegenüber, dass gerade mein
Argument stichhaltig ist? Charakteristisch für gute Texte ist, dass sie Lösungen anbieten. Sie sind service-orientiert. Gute Texter fragen sich deshalb (gedanklich): Welches Problem könnte der Kunde haben? Und: Wie können wir
ihm helfen, dieses zu lösen? Wenn der Leser das Gefühl hat, dass ein Text auf
diese Fragen Antworten gibt, dann wirkt er sympathisch. Warum? Weil das
Gegenüber sich verstanden fühlt. Der Leser fühlt sich wohl. Weil er sich bei
dem Unternehmen aufgehoben fühlt. Unsympathisch hingegen wirkt die Me-
thode „Oberlehrer".

Tipp:

Schlüpfen Sie in die Haut des Lesers und überlegen Sie sich:

- Was erwartet er von meinem Text?
- Welche Themen könnten ihn interessieren?
- Wie möchte er angesprochen werden?
- Gibt es einprägsame Bilder, die ihm das Produkt/Argument schmack-
  haft machen könnten?
- Wie kann ich ihm helfen, sein Problem zu lösen?

4.5 Wie tickt mein Unternehmen?

Wer die Zielgruppe mit ihren Vorlieben, Wünschen, Erwartungen und Hoffnungen kennt, dem fällt es leicht, sich auf sein Gegenüber einzustellen. Das
ist bereits die halbe Miete. Die andere Hälfte besteht darin, zu fragen: Wie
tickt das Unternehmen, für das ich Texte verfassen will? Wie sieht die Unter-
nehmensphilosophie aus? Gibt es ein Leitbild? Welche Werte verkörpert das
Unternehmen? Ein Privatbankier, der bei seiner Zielgruppe ein seriöses und
konservatives Image verkörpert, wird sich kaum eine Freude machen, wenn er
mit Sprüchen des Autovermieters Sixt wirbt, etwa: „Wenn Sie günstiger braun
werden wollen, dann schmieren Sie sich doch Nutella ins Gesicht." Umgekehrt
wird Sixt kaum mit dem ehemaligen Werbespruch der Deutschen Bank punkten können: „Wir steigern Ihren Ertragswinkel – Leistung aus Leidenschaft."

Egal, ob frech oder seriös, wichtig ist, dass die Sprache zum Unternehmen oder zur Person passt.

Tipp:

Überlegen Sie:

- Welches Image haben Sie bei Ihrer Zielgruppe?
- Wofür steht Ihr Unternehmen?
- Wie können Sie dieses Image in Sprache übersetzen?

5. Kurz, klar und bildhaft – die Grundregeln

5.1 „Wer lange Sätze macht, hat keinen klaren Gedanken" – kurz schreiben

„Was immer du schreibst, schreibe kurz, und sie werden es lesen. Schreibe klar, und sie werden es verstehen. Schreibe bildhaft, und sie werden es im Gedächtnis behalten." Dieses Zitat stammt von Joseph Pulitzer, dem Vater der modernen amerikanischen Tagespresse.[31]

„Politik muss sich verständlich machen", forderte Franz Müntefering, der ehemalige Vizekanzler und einstige Vorsitzende der SPD. Und empfahl seine legendären, knappen Sätze: „Wer lange Sätze macht, hat keinen klaren Gedanken". In der Tat: Die meisten Texte sind zu kompliziert aufgebaut. Sie sind zu lang oder zu verschachtelt. Wenn ein Satz zu lang ist, dann versteht ihn keiner mehr. In der Praxis aber sind – auch bei Berufsschreibern – viele Sätze zu lang und zu kompliziert. Dabei ist erwiesen: Kurze Artikel werden eher gelesen als lange. Kurze Sätze werden öfter zu Ende gelesen als lange. Kurze Wörter werden schneller verstanden als lange.

Sprachforscher haben nachgewiesen, dass Sätze mit bis zu 18 Wörtern leicht verständlich sind. Ab 24 Wörtern beginnt ein Satz unverständlich zu werden. Wer mehr als 40 Wörter in einen Satz packt, den versteht ein Leser erst beim zweiten oder dritten Anlauf. Die Lesefreude steigert das nicht, das können Sie sich ja vorstellen. Noch schlechter ist der Zuhörer dran: Denn er kann eine Rede oder einen Radiobeitrag nicht einfach „zurückspulen".

Die Vorteile von kurzen, klaren Sätzen liegen auf der Hand: Leser *und* Schreiber sparen Zeit. Denn – Hand aufs Herz – nicht nur der Leser, der in Satzlabyrinthen umherirrt, muss sich konzentrieren. Der Autor muss es auch. Denn sonst verläuft er sich im eigenen Irrgarten. Die Folge: Der Satz endet in den endlosen Weiten des Nichts. Außerdem können Endlos-Sätze leicht zu

---

31 Bekannt ist Joseph Pulitzer auch als Stifter des renommierten Pulitzer-Preises. Dieser wird seit 1917 jedes Jahr für hervorragende journalistische Leistungen in den USA vergeben und gilt als Oscar in der Journalismus-Branche.

Missverständnissen beim Leser oder Zuhörer führen. Diese richtig zu stellen, das kostet wieder Zeit. Denn in der Regel sitzen sich Autor und Rezipient ja nicht gegenüber. Der Leser hat also nicht die Möglichkeit, unmittelbar nachzufragen, wenn er etwas nicht auf Anhieb versteht. Sind Sätze hingegen knapp und bündig und verzichten auf ausschweifenden Schnickschnack, dann ist die Gefahr wesentlich geringer, dass sie missverstanden werden.

5.1.1 Die Transrapid-Rede

Ein Spezialist für Bandwurmsätze war und ist der ehemalige bayerische Ministerpräsident Edmund Stoiber. Er versteht es meisterlich, seine Sätze zu verknäueln. Und läuft damit immer wieder Gefahr, sich in seinem eigenen Wortknäuel zu verstricken. Legendär ist seine Transrapid-Rede, die er beim Neujahrsempfang 2002 der Münchener CSU im Alten Rathaus gehalten hat. Sie ist mittlerweile zu einem Klassiker avanciert. Beim Videodienst Youtube wurde die Ansprache weit über eine Million Mal abgerufen.

„Wenn Sie vom Hauptbahnhof in München ... mit zehn Minuten, ohne, dass Sie am Flughafen noch einchecken müssen, dann starten Sie im Grunde genommen am Flughafen ... am ... am Hauptbahnhof in München starten Sie Ihren Flug. Zehn Minuten. Schauen Sie sich mal die großen Flughäfen an, wenn Sie in Heathrow in London oder sonst wo, meine sehr ... äh, Charles de Gaulle in Frankreich oder in ... in ... in Rom. Wenn Sie sich mal die Entfernungen anschauen, wenn Sie Frankfurt sich ansehen, dann werden Sie feststellen, dass zehn Minuten Sie jederzeit locker in Frankfurt brauchen, um ihr Gate zu finden. Wenn Sie vom Flug ... vom ... vom Hauptbahnhof starten – Sie steigen in den Hauptbahnhof ein, Sie fahren mit dem Transrapid in zehn Minuten an den Flughafen in ... an den Flughafen Franz Josef Strauß. Dann starten Sie praktisch hier am Hauptbahnhof in München. Das bedeutet natürlich, dass der Hauptbahnhof im Grunde genommen näher an Bayern ... an die bayerischen Städte heranwächst, weil das ja klar ist, weil auf dem Hauptbahnhof viele Linien aus Bayern zusammenlaufen."

Für diese weitschweifigen Ausführungen hat der ehemalige bayerische Ministerpräsident knapp 1.20 Minuten gebraucht. Dabei ist seine Kernbotschaft denkbar einfach:

Mit dem Transrapid können Sie in 10 Minuten vom Münchener Hauptbahnhof zum Münchener Flughafen fahren und brauchen dann dort nicht einmal mehr einzuchecken.

Hätte er das so gesagt, hätte er sieben Sekunden gebraucht. Und jeder hätte verstanden, was er sagen wollte. Es wäre sogar noch Zeit gewesen, um hinzuzufügen:

Deshalb müssen wir den Transrapid bauen.

Das hätte noch einmal drei Sekunden gedauert. Alle wären zufrieden gewesen und hätten sich überlegen können, ob Bayern einen Transrapid braucht oder nicht. Schaut man sich die Stoibersche Transrapid-Rede etwas genauer an, dann bemerkt man Folgendes:

- Schon der erste Satz besteht (ohne Wiederholungen) aus 33 Wörtern. Die folgenden Sätze sind kaum kürzer.
- Der Redner verwendet viele Nebensätze.
  Schon der erste Satz beginnt mit einem Nebensatz (*„Wenn Sie vom Hauptbahnhof in München ... mit zehn Minuten (...)"*). Auch die Sätze drei (*„wenn Sie sich mal die Entfernungen anschauen, wenn Sie Frankfurt sich ansehen, (...)"*) und vier (*„Wenn Sie vom Flug ... vom ... vom Hauptbahnhof starten"*) beginnen mit „wenn" und leiten damit Konditionalsätze ein. Begründungen beginnt Edmund Stoiber mit „weil": *„weil das ja klar ist,(...); weil auf dem Hauptbahnhof viele Linien aus Bayern zusammenlaufen (...)"*.
- Der Redner liefert viele Detailinformationen.
  Er vergleicht die Situation in München mit der in anderen europäischen Großstädten (*„wenn Sie in Heathrow in London oder sonst wo, meine sehr ... äh, Charles de Gaulle in Frankreich oder in ... in ... in Rom (...)"*). Der Hauptbahnhof München würde durch den Transrapid – mehr noch als bisher – ein Knotenpunkt in Bayern (*„(...) dass der Hauptbahnhof im Grunde genommen näher an Bayern ... an die bayerischen Städte heranwächst(...)"*). Warum das so sein wird, sagt Stoiber auch gleich (*„weil das ja klar ist, weil auf dem Hauptbahnhof viele Linien aus Bayern zusammenlaufen(...)"*)

Was folgt aus dieser Analyse?

- Die Sätze sind ausgesprochen lang. Besonders für die gesprochene Sprache. Sie sind schwer verständlich. Denn hier hat der Zuhörer kaum Möglichkeiten, das Gesagte noch ein zweites oder drittes Mal zu hören. Schon bei geschriebenen Texten beginnt die Unverständlichkeit bei 24 Wörtern pro Satz.

- Wer mit Nebensätzen einsteigt, läuft Gefahr, zu lange Sätze zu produzieren. Denn im Nebensatz erklärt der Autor erst einmal die Umstände und Gegebenheiten.

- Konfrontiert der Redner den Zuhörer mit zu vielen Detailinformationen, so kann dies den Zuhörer leicht verwirren. Denn dieser braucht Zeit, die Zusatzinformationen in einen Zusammenhang mit dem Thema zu bringen. Besonders schwierig ist dies für den Zuhörer, wenn der Redner keinem roten Faden folgt. Denn der Zuhörer steckt nicht in der Haut des Redners und weiß in der Regel nicht, was diesem gerade durch den Kopf geht.

5.1.2 Problem-Bär Bruno

Erinnern Sie sich noch an die Sommer-Tragödie 2006? Damals haben Wanderer irgendwo zwischen Bayern, Österreich und Südtirol erstmals seit sehr langer Zeit wieder einen Braunbären gesichtet. Die Bayern nannten ihn liebevoll Bruno. Bruno tauchte mal hier und mal da auf und riss Hühner und Schafe. Dazu wagte er sich sehr nah an Wohngebiete heran und brach notfalls auch in Ställe ein. Wie gefährlich das ist, das erklärte der damalige bayerische Ministerpräsident Edmund Stoiber sehr ausführlich, bevor Bruno am 26. Juni 2006 erschossen wurde.

Stoiber-Pressekonferenz zum Problembären Bruno:

„Äh ... natürlich freuen wir uns, das ist gar keine Frage, freuen wir uns, und die Reaktion war völlig richtig, einen sich normal verhaltenden Bär in Bayern zu haben. Ja, des is' gar net zum Lachen. Und der Bär, ein Normalfall ... ich muss mich ja auch ... auch Werner Schnappauf hat sich natürlich hier ... intensiv mit so genannten Experten austauscht und austauschen müssen. Nun haben wir (...)der normalverhaltende Bär lebt im Wald, geht niemals raus und reißt vielleicht ein bis zwei Schafe im Jahr. Äh wir haben dann einen Unterschied zwischen dem normal sich verhaltenden Bär, dem Schadbär und dem

Problembär. Und es ist ganz klar, dass dieser Bär ein Problembär ist, und es ist im Übrigen auch im Grunde genommen durchaus ein gewisses Glück gewesen, der hat um ein Uhr nachts praktisch diese Hühner gerissen. Und Gott sei Dank war in dem Haus ... war, also jedenfalls ist ...das nicht bemerkt worden, aufgrund von ...es ist nicht bemerkt worden. Stellen Sie sich mal vor, der war ja mittendrin, stellen Sie sich mal vor, die Leute wären raus und wären praktisch jetzt dem Bären praktisch begegnet, was da hätte passieren können."

Für dieses Statement hat Edmund Stoiber 53 Sekunden gebraucht. Dabei ist auch hier die Kernbotschaft einfach:

Bruno verhält sich nicht wie ein normaler Bär. Er ist möglicherweise gefährlich.

Um das zu sagen, hätte man höchstens fünf Sekunden gebraucht. Betrachtet man sich dieses Statement etwas genauer, so fällt Folgendes auf:

- Auch hier sind die Sätze wieder sehr lang.

- Zunächst führt der Redner den Zuhörer in die Irre (*„Äh... natürlich freuen wir uns, das ist gar keine Frage, freuen wir uns, und die Reaktion war völlig richtig, einen sich normal verhaltenden Bär in Bayern zu haben"*). Wir haben einen Bären gesehen, der sich normal verhält und freuen uns darüber.

- Dann erklärt er, wie sich ein normaler Bär verhält (*„Nun haben wir der normalverhaltende Bär lebt im Wald, geht niemals raus und reißt vielleicht ein bis zwei Schafe im Jahr"*).

- Im vierten Satz macht der Redner klar, dass es nicht nur normale Bären gibt, sondern auch Problembären (*„wir haben dann einen Unterschied zwischen dem normal sich verhaltenden Bär (...) und dem Problembär"*). Der Zuhörer könnte hier schon misstrauisch werden.

- Erst im fünften Satz rückt er dann damit heraus: Der Bär, der sich in Bayern aufhält, ist ein solcher Problembär (*„Und es ist ganz klar, dass dieser Bär ein Problembär ist, und es ist im Übrigen auch im Grunde genommen durchaus ein gewisses Glück gewesen, der hat um ein Uhr nachts praktisch diese Hühner gerissen"*).

- Erst im letzten Satz deutet er an, dass der Bär auch Menschen gefährlich werden kann (*„Stellen Sie sich mal vor, der war ja mittendrin, stellen Sie sich mal vor, die Leute wären raus und wären praktisch jetzt dem Bären praktisch begegnet, was da hätte passieren können"*).

Das Statement von Edmund Stoiber ähnelt im Aufbau einem juristischen Gutachten. Denn zunächst definiert er, was ein normaler Bär macht, wie er sich verhält. Dann grenzt er den normalen Bären vom Problembären ab. Dann subsumiert er – wie die Juristen sagen. Also er fragt: Wie verhält sich Bruno eigentlich? Ist sein Verhalten deckungsgleich mit dem eines normalen Bären? Dann kommt er zum Ergebnis: Nein. Denn ein normaler Bär würde im Wald bleiben. Er würde sich von Wohngebieten fernhalten. Bruno kam jedoch ins Wohngebiet und riss dort zwei Hühner. Das tut kein normaler Bär. Damit ist Bruno ein Problembär. Weil er Menschen sehr nahe kommt, könnte er auch ihnen gefährlich werden.

Was folgt aus der Analyse dieses Statements?

- Die Kernbotschaft muss unbedingt an den Anfang. Der Zuhörer muss sofort wissen: Bruno verhält sich für einen Bären nicht normal. Deshalb könnte er auch Menschen gefährlich werden.

- Der Redner darf den Zuhörer nicht zunächst auf eine falsche Fährte locken. Das verwirrt ihn. Wer Stoibers Statement zum Problembären Bruno hört, fragt sich doch sofort: Warum freut sich der bayerische Ministerpräsident über einen Problembären? Der macht doch nur Ärger und ist obendrein vielleicht sogar gefährlich.

5.1.3 Der Bandwurm im Büro

Aber nicht nur Ministerpräsidenten verheddern sich in ihren eigenen Wörtern. Auch in Unternehmen hat der Bandwurmsatz seine Anhänger. Kürzlich haben wir eine Mail bekommen. Darin stand:

> *„Ich werde am 26. Juli wieder im Büro sein und wollte dann – auf Basis Ihrer bis dahin hoffentlich eingegangenen Anregungen – den Vermerk anpassen, bevor ihn Herr X. anschließend bei der Geschäftsführung einbringen wird, um die weitere Vorgehensweise bei der Erstellung der entsprechenden Präsentation abzustimmen.“*

Spontan fiel uns dazu ein: „Mensch, dieser Satz ist aber schwer zu verstehen.“ Warum das so ist? Zum einen natürlich, weil der Satz sehr lang ist. Zum anderen aber auch, weil der Satz zu viele verschiedene Informationen enthält. Und der Leser sich möglicherweise zu jeder dieser Informationen seine eigenen Gedanken macht (kursiv gedruckt).

Information 1:   Ich werde am 26. Juli wieder im Büro sein. *(Schade, der Urlaub ist dann schon wieder vorbei.)*

Information 2:   Ich will einen Vermerk anpassen. *(Anpassen hört sich gut an. Gemeint ist: Umschreiben.)*

Information 3:   Ich hoffe, Ihr habt mir für diesen Vermerk während meines Urlaubs Anregungen geliefert. *(Hoffentlich, denn sonst ist er mit seinem Latein auch bald am Ende.)*

Information 4:   Herr X. soll diesen Vermerk anschließend der Geschäftsführung übergeben. *(Dann hat ein anderer den Schwarzen Peter und kann sich mit dem Vermerk herumschlagen.)*

Information 5:   Herr X. und die Geschäftsführung werden die weitere Vorgehensweise bei der Erstellung der Präsentation abstimmen. *(Sollen die mal machen.)*

Sie sehen: Dieser *eine* Satz besteht aus sage und schreibe 44 Wörtern. Er trägt fünf Informationen und löst mindestens genauso viele Gedankenspiele beim Leser aus.

5.1.4 Bandwürmer in der DDR

Oder schauen Sie sich den Kommentar von Walter Ulbricht an, dem ehemaligen Staatsratsvorsitzenden der DDR. Auf einer Pressekonferenz am 15. Juni 1961 fragten ihn Journalisten, ob die DDR eine Mauer bauen wolle. Hier seine Antwort:

„Ich verstehe Ihre Frage so, dass es Menschen in Westdeutschland gibt, die wünschen, dass wir die Bauarbeiter der Hauptstadt der DDR mobilisieren, um eine Mauer aufzurichten, ja? Ääh, mir ist nicht bekannt, dass eine solche Absicht besteht, da sich die Bauarbeiter in der Hauptstadt hauptsächlich mit Wohnungsbau beschäftigen und ihre Arbeitskraft voll eingesetzt wird. Niemand hat die Absicht, eine Mauer zu errichten." [32]

Wer sich diese Antwort genauer anschaut, dem fällt Folgendes auf: Im ersten Satz seiner Antwort formuliert Walter Ulbricht die Frage kurzerhand um:

---

32   Nur zwei Monate später, am 13. August 1961, begannen Streitkräfte der DDR mit dem Bau der Berliner Mauer.

„Ich verstehe Ihre Frage so, dass es Menschen in Westdeutschland gibt, die wünschen, dass wir die Bauarbeiter der Hauptstadt der DDR mobilisieren, um eine Mauer aufzurichten, ja?"

Damit schiebt er Westdeutschland den Schwarzen Peter zu. Er suggeriert den Journalisten, es gäbe Rädelsführer in Westdeutschland, die sich für eine Mauer stark machten.

Im nächsten Satz versucht Ulbricht den Eindruck zu erwecken, die ostdeutschen Bauarbeiter hätten gar keine Zeit, eine Mauer zu bauen. Denn sie steckten ihre gesamte Arbeitskraft in den Wohnungsbau.

„Ääh, mir ist nicht bekannt, dass eine solche Absicht besteht, da sich die Bauarbeiter in der Hauptstadt hauptsächlich mit Wohnungsbau beschäftigen und ihre Arbeitskraft voll eingesetzt wird."

Erst im dritten Satz antwortet er auf die eigentliche Journalistenfrage. Mit einer handfesten Lüge – wie wir wissen.

„Niemand hat die Absicht, eine Mauer zu errichten."

Soweit zur inhaltlichen Analyse der Antwort. Untersucht man Ulbrichts Sprache, so fällt Folgendes auf:

- Die Antwort besteht aus drei Sätzen, von denen zwei sehr lang sind. In diese drei Sätze hat Ulbricht 63 Wörter hineingepresst.
- Die Antwort hat viele Nebensätze. Allein der erste Hauptsatz ist um vier Nebensätze ergänzt. Der zweite Satz enthält zwei Nebensätze.
- Wichtige Informationen sind in die Nebensätze verbannt.
- Der erste Hauptsatz trägt keine Hauptaussage (*„Ich verstehe Ihre Frage so, (...)"*; *„mir ist nicht bekannt, (...)"*).
- Die Kernbotschaft steht erst im letzten Satz (*„Niemand hat die Absicht, eine Mauer zu errichten"*).

Viel knapper drückte sich dagegen der US-amerikanische Präsident Ronald Reagan aus. Gut 25 Jahre später, im Juni 1987, forderte er: *„Mr. Gorbatchev, tear down this wall!"* – *„Herr Gorbatschow, reißen Sie diese Mauer ein!"*
Sie sehen: Dieser Satz ist kraftvoll. Zum einen sicherlich wegen seines Inhalts, aber auch wegen seiner Kürze und Prägnanz. Auch wenn wir fairer Weise dazu sagen müssen, dass Reagan eine vorbereitete Rede halten konnte, während Ulbricht auf Fragen geantwortet hat.

5.1.5 Bandwürmer in der Redaktion

Wenn Sie sich selbst als Spezialist für Bandwurmsätze wiedererkennen, dann trösten Sie sich. Auch gestandene Journalisten sind nicht davor gefeit. Das beweisen folgende Beispiele:

Beispiele für Bandwurmsätze:

Wer vom Schwarzwald bis zum Schwarzen Meer die 2900 Kilometer an der Donau entlangfährt oder zwischen Passau und Tulcea das Schiff nimmt, der hat das Land durchmessen, das im Sprachgebrauch der Europäischen Union Makroregion Donau heißt und zehn oder noch mehr Länder umfasst.

(Hefty in Frankfurter Allgemeine Zeitung vom 5. Juli 2010, S. 10.)

Viele renommierte Heidegger-Interpreten meinen, in „Sein und Zeit" und anderen frühen Texten fänden sich Elemente eines Konzepts von Selbst und Mitwelt, die jenem Verhängnis der Fremdbestimmung entgegengehalten werden können, welches sowohl im Kollektivismus der NS-Ideologie wie auch in Heideggers eigener Spätphilosophie auftrete.

(Thomä in Frankfurter Allgemeine Zeitung vom 5. Juli, S. 28.)

Dass Heinrich Hoffmanns „Struwwelpeter" bis heute auch Erwachsene fasziniert, zeigt, wie präzis der Frankfurter Arzt jenen Angstsinn erfasste, der einem hilft, sich von Dingen, mit denen man nicht fertig wird, ein Bild zu machen.

(Holm in Frankfurter Allgemeine Zeitung vom 5. Juli, S. 28.)

5.1.6 Satzmonster sezieren

Kennen Sie das Krümelmonster aus der Sesamstraße? Dieses Monster mit dem blauen Fell und den rollenden Augen, das sich den ganzen Tag mit Keksen vollstopft. Ja? Ähnlich wie dem Krümelmonster geht es auch vielen Sätzen. Sie werden mit Informationen vollgestopft. Heraus kommen Satzmonster, die heillos überfüttert sind. Solche Satzmonster sind ein Gräuel für jeden Leser. Denn er hat keine Chance, sie auf Anhieb zu verstehen. Was kann der Autor tun, wenn er merkt: Da habe ich ein Satzmonster produziert? Ganz einfach: Das Satzmonster sezieren und in seine Bestandteile zerlegen. Wie? Indem sich der Autor als erstes fragt: Was ist die *wichtigste* Information? Was muss der Leser *unbedingt* erfahren? Diese Information gehört in den ersten Hauptsatz. Denn die Kernbotschaft muss der Leser ganz schnell mitbekommen. Der Neben-Satz ist – das sagt ja schon der Name – für Nebensächliches, Randepisoden, Details und Konkretisierungen da.

Beispiel für ein Satzmonster:

Zur Stärkung der Binnennachfrage muss daher eine konsistente wachstums- und beschäftigungsfördernde Politik der zentrale Zielpunkt sein, wobei Fehler der letzten Jahre – allen voran eine finanzpolitische Konsolidierung über kräftige Steuererhöhungen – zu vermeiden sind.

Wer mit einem solchen Satzmonster konfrontiert wird, fragt sich sofort: Was will mir der Autor mit diesem Satz sagen? Was ist die Kernbotschaft? Die Hauptaussage erschließt sich erst nach dem zweiten oder dritten Lesen: Sie lautet:

Eine konsistente wachstums- und beschäftigungsfördernde Politik muss der Zielpunkt sein.

Zugegeben, gut zu verstehen ist sie nicht. Der interessierte Leser wird sich deshalb Gedanken machen, um zu verstehen, was damit gemeint ist. Er wird diesen Satz in seine Sprache übersetzen. Das könnte dann so aussehen:

Wir müssen unsere Wirtschaftspolitik konsequent auf Wachstum und Beschäftigung ausrichten.

Aha, das ist also die Kernaussage, übersetzt in eine allgemein verständliche Sprache. Da stellt sich doch die Frage: Warum müssen wir unsere Wirtschaftspolitik konsequent auf Wachstum und Beschäftigung ausrichten? Auch darauf gibt das Satzmonster bei genauerem Hinsehen eine Antwort:

Zur Stärkung der Binnennachfrage.

Oder in Otto Normalverbraucher-Deutsch:

Damit die Bürger mehr konsumieren können. Damit die Bürger mehr Geld ausgeben können.

Fügt man alle diese „übersetzten" Informationen zusammen, so heißt die Botschaft:

Wir müssen unsere Wirtschaftspolitik konsequent auf Wachstum und Beschäftigung ausrichten, damit die Bürger mehr konsumieren können.

Dieser Satz besteht aus 16 Wörtern. Damit ist er gerade so an der Schmerzgrenze dessen, was der Leser leicht verstehen kann. Um ihn noch leserfreundlicher zu machen, kann man diesen Satz auseinander ziehen und zwei Hauptsätze daraus machen:

Wir müssen unsere Wirtschaftspolitik konsequent auf Wachstum und Beschäftigung ausrichten. Dann können die Bürger mehr konsumieren.

Und dann gibt es noch eine zweite wichtige Botschaft in diesem Satz:

Wir müssen die Fehler der letzten Jahre vermeiden.

Schön und gut. Aber worin lagen diese Fehler? Auch diese Frage beantwortet das Satzmonster.

(...) allen voran eine finanzpolitische Konsolidierung über kräftige Steuererhöhungen (...)

Oder verständlicher ausgedrückt:

Die Schulden der öffentlichen Haushalte abzutragen, indem wir die Steuern erhöhen.

Voilà, jetzt haben wir das Satzmonster seziert. Damit lautet der Satz von oben jetzt so:

Wir müssen unsere Wirtschaftspolitik konsequent auf Wachstum und Beschäftigung ausrichten, damit die Bürger mehr konsumieren können. Dabei müssen wir die Fehler der Vergangenheit vermeiden: Die Schulden der öffentlichen Haushalte abzutragen, indem wir die Steuern erhöhen.

Auch das Satzmonster in der E-Mail lässt sich zerlegen. Aus diesem Monster...

„Ich werde am 26. Juli wieder im Büro sein und wollte dann – auf Basis Ihrer bis dahin hoffentlich eingegangenen Anregungen – den Vermerk anpassen, bevor ihn Herr X. anschließend bei der Geschäftsführung einbringen wird, um die weitere Vorgehensweise bei der Erstellung der entsprechenden Präsentation abzustimmen.

...wird dieser schlanke Text:

Ich werde am 26. Juli wieder im Büro sein. Ich hoffe, dass Sie mir bis dahin Ihre Ideen zu dem Thema geschickt haben. Ich will den Vermerk dann nämlich fertig stellen. Danach geht er an Herrn X. Dieser wird ihn dann der Geschäftsführung vorstellen. Die Geschäftsführung wird dann darüber entscheiden, wie eine Präsentation aussehen soll.

Und noch etwas: Fange keinen Satz mit „als" an, er wird zu lang. Denn nach dem Wörtchen „als" folgt in der Regel eine (mehr oder weniger) langatmige Beschreibung der Umstände. Und diese ist selten nach weniger als 18 Wörtern zu Ende. Testen Sie es selbst!

Tipp:

Wer seinen überfütterten Satz abspecken will, der kann sich an folgenden (groben) Richtwerten orientieren:

- Möglichst nur eine Information pro Satz.
- Konzentration auf den Hauptsatz.
- Fange keinen Satz mit „als" an.

Ein Satz lässt sich auch entschlacken, indem man Floskeln streicht. Oft ändert sich dadurch nicht einmal sein Inhalt. Um einen Satz zu verstehen, braucht man meist keine *„sozusagen", „wie bereits erwähnt", „wie ich meine", „so glaube ich", „nach meinem Dafürhalten", „ich gebe zu bedenken, dass (...)", „man kommt nicht umhin zu sagen, dass (...)".*

Auch auf umständliche Einleitungen kann der Autor (meist) verzichten. *„Lassen Sie mich feststellen, dass", „Festzuhalten ist", „Die Frage sei erlaubt", „Es versteht sich von selbst", „Gestatten Sie mir zu erwähnen", „Erlauben Sie mir auch ein Wort des Dankes", „Gestatten Sie mir in dieser Hinsicht hervorzuheben"* – all diese Redewendungen wirken steif. Die meisten Leser werden Ihnen nicht böse sein, wenn Sie diese einfach streichen. Ein paar wenige Ausnahmen gibt es allerdings. Die wollen wir Ihnen natürlich auch nicht verschweigen: Wenn Sie an den Papst, einen Bischof, den Bundespräsidenten, die Bundeskanzlerin oder an andere Honoratioren schreiben, dann können Einleitungen wie *„Gestatten Sie mir, auf Folgendes hinzuweisen"* angemessen sein. Aber wer schreibt schon regelmäßig an die Kanzlerin oder einen Bischof? Wahrscheinlich nur wenige. Wenn Sie nicht dazu gehören, dann können Sie sich diese gewundenen Floskeln sparen. Sagen Sie stattdessen einfach, was Sie sagen wollen! Kurz und bündig! Die Cicero-nahen Satzkonstruktionen aus dem Latein-Unterricht sollten für den Autor guter Texte der Vergangenheit angehören (vgl. Wolff 2006: 44).

Tipp:

Markieren Sie die Schlusspunkte der Sätze mit einem Farbstift. So sehen Sie sofort, wenn ein Satz zu lang geraten ist.

„Halt!", werden Sie jetzt vielleicht rufen: „Das widerspricht doch allem, was ich in der Schule und an der Universität gelernt habe." Das ist gut möglich. Denn Lehrer und Professoren haben Sie möglicherweise darauf getrimmt, sich kompliziert und langatmig auszudrücken. Selbst wenn sie dies nicht ausdrücklich und mit Absicht getan haben, so haben viele es durch ihr Vorbild getan. Damit signalisieren sie: Lernen und Wissenschaft sind harte Arbeit und kein Vergnügen. Schlagen Sie nur einmal ein juristisches Fachbuch an einer x-beliebigen Stelle auf. Dann können Sie sich selbst ein Bild machen. Hier ein Beispiel:

Der auf dem Haager Kongreß des Internationalen Komitees der Bewegung für die Einheit Europas 1948 erhobenen Forderung, eine wirtschaftliche und politische Union zu schaffen, die allen Völkern Europas offenstehen solle, die unter einem demokratischen System leben und sich verpflichten, eine Charta der Menschenrechte zu achten, wurde mit der Gründung des Europarates am 5. Mai (daher „Europatag") 1949 nur sehr bedingt entsprochen (Streinz 1996: 6).

Kein Wunder, dass Jura als staubtrockene Materie gilt. Wer diesen Satz verstehen will, muss sich anstrengen. Ohne Schweiß kein Preis. Dabei versteckt sich hinter diesem Satz nun wahrlich kein schwieriger Sachverhalt. Aber der Satzbau ist so kompliziert, dass der Satz abschreckend wirkt. Dahinter steckt vielleicht die weit verbreitete Meinung: Einfachen, verständlichen und kurzen Sätzen haftet der Ruf des Kindlichen an (Falkenberg 2008: 86). Das ist in vielen Köpfen fest verankert. Obwohl es Quatsch ist. Deshalb: Lassen Sie sich davon nicht verunsichern. Zumal es Ihr Ziel als Öffentlichkeitsarbeiter ist, Botschaften an den Mann zu bringen. Und das klappt nicht, wenn Sie sich kompliziert ausdrücken.

5.1.7 Das Gesetz der drei Sekunden

Drei Sekunden – so lange dauert für den Menschen die Gegenwart. Dies ist aus Sprachpsychologie und Verständlichkeitsforschung bekannt und hat praktische Konsequenzen.

5.1.7.1 Was zusammen gehört, darf der Schreiber nicht trennen

Was weniger als drei Sekunden dauert, empfinden wir als zusammengehörig. Die Konsequenz für einen Text: Was zusammengehört, darf nicht mehr als drei Lese-Sekunden voneinander entfernt stehen. Mit dieser Feststellung sind zwei Fragen verknüpft:

- Wie viele Wörter entsprechen drei Lese-Sekunden?
- Welche Bestandteile eines Satzes gehören zusammen?

Die erste Frage lässt sich – mit der Stoppuhr in der Hand – leicht beantworten. Der Durchschnittsdeutsche liest in drei Sekunden sechs Wörter oder zwölf Silben.

Und: Was gehört zusammen? Darauf gibt es mehr als eine Antwort. Zunächst einmal: Die Bestandteile eines zusammengesetzten Verbs.

Beispiel:

*Boris Becker **schlägt** John McEnroe, seinen langjährigen Konkurrenten auf dem Tennis-Court und viermaligen Wimbledon-Gewinner, als Gastkommentator im ZDF **vor**.*

Nach dem Verb „*schlägt*" dauert es 17 quälend lange Wörter bis zum erlösenden Wörtchen „*vor*". In der Zwischenzeit fragt sich der Leser: Schlägt Boris Becker seinem einstigen Erz-Rivalen den Tennis-Schläger gegen den Kopf? Oder besiegt er ihn in einem Freundschaftsspiel? Erst nach 17 Wörtern erfährt er: Es ist alles ganz anders. In diesem Satz geht es weder um ein Schlagen im Sinne von Besiegen noch von Verhauen. Es geht ums Vorschlagen im Sinne von Empfehlen. Aber: 17 lange Wörter sollte kein Autor seine Leser auf die Folter spannen. Er muss früher mit der Sprache herausrücken. Deshalb müssen die Bestandteile eines zusammengesetzten Verbs enger zusammenrücken. Dann würde der Becker-Satz so lauten:

Boris Becker schlägt John McEnroe als Gastkommentator im ZDF vor. Beckers langjähriger Rivale hatte viermal das Tennis-Turnier in Wimbledon gewonnen.

Der Autor könnte auch texten:

Boris Becker schlägt John McEnroe vor, und zwar als Gastkommentator für das ZDF. Beckers langjähriger Rivale hatte viermal das Tennis-Turnier in Wimbledon gewonnen.

In beiden Sätzen weiß der Leser ziemlich schnell: Mit *schlagen* ist nicht *besiegen* gemeint, sondern *vorschlagen* im Sinne von *empfehlen*.

Außer den Bestandteilen eines zusammengesetzten Verbs gehören auch Subjekt und Prädikat eines Satzes zusammen. Deshalb sollten sie nicht allzu weit voneinander entfernt stehen.

Beispiel:

Boris Becker, *der bereits mit 17 Jahren zum ersten Mal das Tennis-Turnier von Wimbledon gewonnen hatte und danach noch zwei weitere Male in seinem „Wohnzimmer" gesiegt hatte,* **hat geheiratet.**

Der Hauptsatz beginnt mit dem Subjekt Boris Becker. Diesem folgt ein langer Nebensatz, der die Aufmerksamkeit des Lesers auf die sportlichen Erfolge von Boris Becker lenkt. Der Leser ist auf dem Gleis: Becker als Sportsmann. Er erwartet deshalb, noch mehr über seine Siege und sportlichen Leistungen zu erfahren. Er ist überrascht, wenn es dann nicht mehr um Sport, sondern um Liebe geht. Auch hier gilt: So lange sollte kein Schreiber seine Leser auf dem „falschen Gleis" lassen. Subjekt und Prädikat eines Satzes gehören deshalb näher zusammen. Zum Beispiel so:

Boris Becker hat geheiratet. Mit 17 Jahren hat der Tennis-Spieler zum ersten Mal das Turnier in Wimbledon gewonnen. Danach hat er dort noch zwei weitere Male in seinem „Wohnzimmer" gesiegt.

Genauso wie Subjekt und Prädikat gehören auch Artikel und Substantiv zusammen.

Beispiel:

Die *25 Jahre alte mit einem gepunkteten leichten Sommerkleid und einem weißen Panama-Hut bekleidete* **Nonne.**

Dieser Satz lenkt die Aufmerksamkeit auf die Kleidung einer „die", also eines weiblichen Wesens. Um wen es sich genau handelt, erfährt der Leser erst nach einer langatmigen Beschreibung ihres Äußeren. Dabei lässt sich die Neugierde des Lesers ganz leicht schon vorher befriedigen:

Die 25 Jahre alte Nonne trägt ein gepunktetes leichtes Sommerkleid und einen weißen Panama-Hut.

Auch bei Einschachtelungen[33] und eingeschobenen Nebensätzen ist Vorsicht geboten. Denn nach dem „Gesetz der drei Sekunden" kann ein Leser einen Gedanken höchstens drei Sekunden lang behalten. Für Einschachtelungen bedeutet das: Ein eingeschobener Satz darf höchstens drei Sekunden oder sechs Wörter oder zwölf Silben lang sein. Ist er länger, dann vergisst der Leser das, was vor der Parenthese oder vor dem Komma stand. Gut analysieren kann man diesen Effekt an folgendem Beispiel:

Beispiel:

Zur Stärkung der Binnennachfrage muss daher eine konsistente wachstums- und beschäftigungsfördernde Politik der zentrale Zielpunkt sein, wobei Fehler der letzten Jahre – allen voran eine finanzpolitische Konsolidierung über kräftige Steuererhöhungen – zu vermeiden sind.

---

33 Das sind Wortteile, die durch Kommata oder Parenthesen vom Rest des Satzes abgekoppelt werden.

Der Einschub zwischen den Gedankenstrichen besteht aus acht Wörtern. Er ist also – nach dem Gesetz der drei Sekunden – bereits zu lang. Hinzu kommt, dass er gespickt ist mit langen und abstrakten Begriffe wie *finanzpolitische*, *Konsolidierung* und *Steuererhöhungen*. Wer glücklich beim zweiten Gedankenstrich angekommen ist, hat die Aussage des Hauptsatzes schon längst wieder vergessen. Deshalb ist es auch hier sinnvoll, den Schachtelsatz aufzulösen. Zum Beispiel so:

Wir müssen die Fehler der vergangenen Jahre vermeiden: Damals haben wir Steuern erhöht, um damit die Schulden der öffentlichen Haushalte abzutragen.

Eingeschobene Nebensätze sind dann leseunfreundlich, wenn sie zu lang sind. Darüber hinaus beurteilt Stillehrer Wolf Schneider eingeschobene Nebensätze dann als unerträglich, „wenn sie als Müllabladeplatz für Informationen missbraucht werden, die der Schreiber noch irgendwo unterbringen wollte". Dazu nennt er folgenden Satz:

Beispiel:

Am Stadttheater Mannheim spielte Meyer, der fließend Chinesisch spricht, den Faust.

Die Information, dass Meyer fließend Chinesisch spricht, mag zwar interessant sein. Sie hat aber mit Meyers Rolle als Faust Null-Komma-Nichts zu tun. Deshalb hat dieses Detail in diesem Satz auch nichts zu suchen.

Genauso wie Nebensätze als Müllhaldeplätze missbilligt Schneider eingeschobene Nebensätze, wenn sie eine gleichberechtigte zweite Hauptsache zur Nebensache degradieren.

Beispiel:

Heute sind die Inhaber, die jeder eine Million investiert hatten, zerstritten.

Dieser Satz enthält zwei Informationen, die beide gleich wichtig sind. Deshalb sollte der Texter jeder dieser Informationen einen Hauptsatz gönnen:

Heute sind die Inhaber zerstritten. Jeder von ihnen hatte eine Million investiert.

Mit der Liebe der Deutschen zum Schachtelsatz setzte sich der amerikanische Schriftsteller Mark Twain schon vor mehr als hundert Jahren auseinander. In seinem launigen Aufsatz „Die schreckliche deutsche Sprache" schrieb er:

> *„In einer deutschen Zeitung setzen sie ihr Verb drüben auf der nächsten Seite hin; und ich habe gehört, dass sie manchmal, wenn sie eine oder zwei Spalten lang aufregende Einleitungen und Parenthesen daher geschwafelt haben, in Zeitnot geraten und in Druck gehen müssen, ohne überhaupt bis zum Verb gekommen zu sein. Natürlich lässt das den Leser in einem Zustand starker Erschöpfung und Unwissenheit zurück."*

Hätte Mark Twain den folgenden Satz ins Visier bekommen, hätte er sich ganz sicher die Haare gerauft:

Beispiel:

*Das Außenhandelsvolumen **hat sich** seit 1991 trotz zeitweilig hemmender Faktoren wie dem sich nahezu ein Jahrzehnt hinziehenden Krieg auf dem Balkan oder dem Handelsembargo gegenüber Jugoslawien von 7,1 Mrd € auf 43,2 Mrd € **versechsfacht**.*

Denn auf diesen Satz trifft Mark Twains Bemerkung zu: „Wenn der deutsche Schriftsteller in einen Satz taucht, dann hat man ihn die längste Zeit gesehen, bis er auf der anderen Seite seines Ozeans wieder auftaucht mit einem Verbum im Mund." Zwischen das Hilfsverb „hat" und das Partizip „versechsfacht" haben sich sage und schreibe 30 andere Wörter und Abkürzungen geschoben. Um diesen Satz lesbar zu machen, hilft nur die Radikalkur:

> *Das Außenhandelsvolumen **hat sich** seit 1991 **versechsfacht**: von 7,1 Mrd € auf 43,2 Mrd €. Und dies trotz widriger Umstände: Der Krieg auf dem Balkan dauerte fast ein Jahrzehnt, gegenüber Jugoslawien wurde ein Handelsembargo verhängt.*

Auch dieses Beispiel verdeutlicht: Sätze sind leichter verständlich, wenn Zusammengehöriges nicht weiter als sechs Wörter voneinander entfernt steht. Daran müssen Sie sich natürlich nicht sklavisch halten. Denn dies ist nur ein Mittelwert. Leser, die hellwach sind oder sich neugierig auf ein Thema stürzen, werden ohne Weiteres mehr als sechs Wörter überbrücken können. Aber wenn das Thema inhaltlich schon sehr komplex und schwer verständlich ist, dann machen überlange Sätze die Kost noch schwerer.

Tipp:

Am besten merken Sie sich folgende Reihe:
12 – 6 – 3: maximal 12 Silben, maximal 6 Wörter, maximal 3 Sekunden.

5.1.7.2 Die Kippfigur

Vielleicht haben Sie sich schon gefragt: Wie kommen die Autoren dieses Buches auf das „Gesetz der drei Sekunden"? Es leitet sich aus den Erkenntnissen ab, die Wissenschaftler mit so genannten Kippfiguren[34] gemacht haben. Vielleicht kennen Sie die bekannte Kippfigur, die entweder einen weißen Pokal oder zwei schwarze Gesichter im Profil zeigt. Wissenschaftler haben herausgefunden, dass es drei Sekunden dauert, bis das menschliche Auge „umspringt". Wer also zuerst den weißen Pokal gesehen hat, sieht nach etwa drei Sekunden die beiden Profilgesichter und umgekehrt!

Abbildung 2: Kippfigur: Pokal oder Gesichter?

---

34 Eine Kippfigur ist eine Abbildung, die zu spontanen Gestalt- bzw. Wahrnehmungswechseln führen kann.

Tipp:

Fassen Sie sich kurz!

Für alle, die das ausprobieren wollen, hier eine Übung:

Fassen Sie den Inhalt Ihres Lieblingsbuchs in maximal 25 Wörtern zusammen.

Das kann so aussehen[35]:

Eine unbelehrbare, starrköpfige ältere Dame klärt einen Mord auf, den sie aus dem Zug heraus beobachtet hat. Der Doktor war's.

Agatha Christie: 16 Uhr 50 ab Paddington.

Ein Junge beschließt, nicht mehr zu wachsen und wird doch mit aller Härte erwachsen. Eine Geschichte im Kriegs- und Nachkriegsdeutschland, in allen Facetten.

Günter Grass: Die Blechtrommel.

Junger Schauspieler stellt seine berufliche Karriere über seine politische Überzeugung und wird so zum Werkzeug des nationalsozialistischen Regimes.

Klaus Mann: Mephisto – Roman einer Karriere.

5.1.8 Der Millionär muss in den Hauptsatz!

Wie klingen folgende Sätze für Sie?

Die Nachricht lautet, dass ich Millionär geworden bin.

oder

Es trifft sich, dass Ministerpräsident X. gestern niedergestochen worden ist.

oder

Es ist jedem klar geworden, dass wir am Sonntag Fußballweltmeister geworden sind.

Wer diese Sätze hört, fragt sich sofort: Was sollen diese schleppenden Einleitungen? Die traurige Nachricht ist doch: *Ministerpräsident X. ist gestern nie-*

---

35   Diese Beispiele haben die Studierenden des Seminars „Deutsch für Juristen" an der Juristischen Fakultät der Universität Potsdam zusammengetragen.

dergestochen worden. Die frohe Kunde ist: *Ich bin Millionär geworden. Wir sind am Sonntag Fußballweltmeister geworden.* Deshalb gilt als Faustregel: Die Hauptsache gehört in den Hauptsatz. Für Nebensachen ist der Nebensatz reserviert. Zugegeben, dies sind sehr plakative Beispiele. Trotzdem schleicht sich in der Praxis oft die Hauptsache in den Nebensatz. Das passiert besonders dann gerne, wenn man versucht, zu viele Informationen in einem Satz unterzubringen. Auch hierfür ist folgender Satz ein gutes Beispiel:

Beispiel:

Zur Stärkung der Binnennachfrage muss daher eine konsistente wachstums- und beschäftigungsfördernde Politik der zentrale Zielpunkt sein, wobei Fehler der letzten Jahre – allen voran eine finanzpolitische Konsolidierung über kräftige Steuererhöhungen – zu vermeiden sind.

Der Nebensatz lautet *„ wobei Fehler der letzten Jahre – allen voran eine finanzpolitische Konsolidierung über kräftige Steuererhöhungen – zu vermeiden sind.* Darin verbirgt sich eine (zweite) Kernaussage. Fehler der letzten Jahre sind zu vermeiden! Diese Botschaft gehört in den Hauptsatz!

Nicht ohne Grund heißen Tucholskys „Ratschläge für einen guten Redner": Hauptsätze, Hauptsätze, Hauptsätze. Hier einige bekannte Beispiele:

Beispiele:

Ich kam, sah und siegte. (Gaius Julius Caesar)

Ich bin ein Berliner. (John F. Kennedy)

Ich kenne den Krieg. Deshalb will ich den Frieden. (Franz Josef Strauß)

Yes, we can! (Barack Obama)

Nebensätzen hingegen zeigte der Schriftsteller in seinen „Ratschlägen für einen schlechten Redner" die rote Karte. „Du musst alles in Nebensätze legen. Sag nie: Die Steuern sind zu hoch. Das ist zu einfach. Sag: Ich möchte zu dem, was ich soeben gesagt habe, noch kurz bemerken, dass mir die Steuern bei weitem zu hoch sind ..."

An diesen Beispielen lässt sich leicht erkennen: Besonders kraftvoll sind kurze und griffige Hauptsätze. Sie tun jedem Text gut. Vielleicht wird sich jetzt ihr Sprachgefühl melden und skeptisch fragen: „Ich kann doch nicht nur in kurzen Sätzen schreiben, oder?" Das stimmt. Würden Sie das tun, dann liefen Sie Gefahr, in Ihrer Firma als „Holzhacker"-Ludwig oder „Asthma"-Anna traurige Berühmtheit zu erlangen. Der Holzhacker- oder Asthma-Stil wäre ebenso anstrengend wie monoton. Wie immer im Leben kommt es auf die richtige Mischung an. Als Faustregel gilt deshalb: Auf zwei Hauptsätze folgt ein Hauptsatz mit einem angehängten Nebensatz.

5.1.9 Die Nebensätze

Und jetzt noch ein paar Takte zu Nebensätzen. Es gibt ganz unterschiedliche Arten von ihnen. Vorangestellte, nachgestellte und eingeschobene. Vorangestellte Nebensätze bringen Rhythmus in Texte. Deshalb sind sie bei guten Schreibern beliebt. Aber auch hier sollten Sie das Gesetz der drei Sekunden beachten. Das bedeutet, nach spätestens sechs Wörtern sollte der Hauptsatz erreicht sein.

Beispiele:

Wenn heute die Sonne scheint, gehen wir ins Freibad.

Ob er sie heiraten wird, weiß ich nicht.

Als er die Mutter sah, verkroch sich der Junge im Schrank.

Außerdem gibt es die eingeschobenen Nebensätze. Hier kommt es auf die richtige Dosis an. Denn eingeschobene Nebensätze unterbrechen den Lesefluss und machen Texte schwer verständlich.

Beispiele:

Wir gehen, wenn heute die Sonne scheint, ins Freibad.

Der Junge verkroch sich, als er die Mutter sah, im Schrank.

Das Gros der Nebensätze sind die, die an einen Hauptsatz angehängt werden. Das ist praktisch und bietet sich an. Denn im Hauptsatz teilt der Autor die Hauptsache mit. Der angehängte Nebensatz beschreibt die näheren Umstände oder erläutert die Details.

Beispiele:

Sie lud ihre Freunde in ihr Wohnzimmer ein, das sie kurz zuvor eigenhändig tapeziert hatte.

Sie fragte nach der Telefonnummer des Mannes, der ihr vom Nebentisch aus zugelächelt hatte.

Sie gratulierte ihrer Freundin zum Geburtstag, obwohl sie sich mit ihr in der Woche zuvor gestritten hatte.

Sie sehen: Der angehängte Nebensatz ist in vielen Fällen die Luxus-Variante. Mit ihr hat der Schreiber die Möglichkeit, den Hauptsatz elegant um Details zu bereichern. Außerdem ist er eine Möglichkeit, Substantivierungen und Nominalkonstruktionen geschickt aufzulösen.

Beispiel:

Das Sekretariat setzte mich von der Durchführung der Sitzung in Kenntnis.

Dieser Satz lässt sich umformulieren in:

Das Sekretariat teilte mir mit, dass die Sitzung stattfindet.

Auch Klemmkonstruktionen[36] lassen sich gut aufbrechen, indem der Autor einen Nebensatz anhängt.

Beispiel:

Das Sekretariat sagte die für den 13. August im Saal 103 anberaumte Sitzung kurzfristig ab.

---

36   Bei Klemmkonstruktionen schiebt der Autor Attribute zwischen Artikel und Substantiv.

Daraus lässt sich machen:

Das Sekretariat sagte die Sitzung ab, die für den 13. August im Saal 103 anberaumt worden war.

Sie sehen: Oft ist der angehängte Nebensatz die Luxus-Variante. Jedoch nicht immer. Und zwar dann nicht, wenn in ihm die Hauptsache steckt. Denn es ist für den Leser irritierend, wenn die Hauptsache erst im angehängten Nebensatz zur Sprache kommt.

Beispiele:

Die Nachricht lautet, dass ich gestern Millionär geworden bin.

Er betonte, dass ein Attentat auf den Ministerpräsidenten verübt worden ist.

Hinzu kommt, dass Herr Schreiner den Jackpot geknackt hat.

Den Leser verwirrt auch, wenn in den Nebensatz noch ein Unternebensatz eingeschoben wird.

Beispiel:

Sie lud ihre Freunde in ihr Wohnzimmer ein, das sie kurz zuvor eigenhändig mit der Farbe, die sie sich vom Malermeister Klecksel eigens zusammenmischen hatte lassen, tapeziert hatte.

Diese Informationsflut ist für (fast) jeden Leser zu viel. Deshalb sollte der Schreiber diesem Sachverhalt ruhig zwei Sätze gönnen. Zum Beispiel so:

Sie lud ihre Freunde in ihr Wohnzimmer ein, das sie kurz zuvor eigenhändig tapeziert hatte. Die Farbe dazu hatte sie sich eigens dafür von Malermeister Klecksel zusammenmischen lassen.

Tipp:

- Vermeiden Sie überlange Sätze.
- Nutzen Sie die Kraft kurzer Hauptsätze.
- Variieren Sie die Satzlänge.

In der Umgangssprache formulieren wir kurz und verständlich. Probieren Sie es aus! Hier einige Übungen:

Die Allrounder-Übung:

Überlegen Sie sich einen Begriff aus Ihrem Alltag. Diesen erklären Sie Ihrem Spielpartner. Natürlich dürfen Sie weder das Wort noch Wortbestandteile verwenden. Hier einige Beispiele:

- Waschmittel
- Alaska
- Kindergarten
- Fernsehmoderator
- Gurkensalat
- Oktoberfest
- Büroklammer.

Diese Liste können Sie natürlich beliebig verlängern. Dabei sind Ihrer Kreativität keine Grenzen gesetzt.

Wenn Sie die Allrounder-Übung oft genug gemacht haben, dann greifen Sie zur Profi-Version.

Die Profi-Version:

Überlegen Sie sich möglichst lange und komplizierte Begriffe.

Hier einige Beispiele:

- Digitalisierungsprozess
- Verbraucherschutzministerin
- Einbürgerungsbehörde
- Desinfektionsschutzmaßnahmen
- Prozesskostenhilfe
- Bruttosozialproduktsteigerung
- Fleischereifachverkäuferin
- Turmsynchronspringen
- Einwegflaschenautomat
- Kommunikationswissenschaftsstudent
- Studierendenvollversammlung
- Donaudampfschifffahrtskapitän
- Gebäudereinigungsfirma
- Studierendenausweisnummer
- Gesetzgebungskompetenz
- Kriegsdienstverweigerer
- Truppenübungsplatz
- Echthaarimplantation
- Subventionsabbau
- Luftraumüberwachungsrichtlinien
- Wachstumsbeschleunigungsgesetz
- Personalkostenreduzierung
- Radioaktivitätsmessung
- Sozialversicherungsfachangestellte
- Sozialversicherungsnummer

Wenn Sie Experte sind, dann greifen Sie zur Super-Profi-Version. Dazu nehmen Sie am besten zusammengesetzte Begriffe oder Wortverbindungen. Hier einige Beispiele:

Die Super-Profi-Version:

- Fliesenseminar im Baumarkt
- Freiheitlich-demokratische Grundordnung
- Gesundheits-TÜV
- Cholesterinfreie Margarine
- Captain Iglo
- Interkulturelle Kommunikation
- Product-Placement

Bei all diesen Übungen geht es darum, in möglichst kurzer Zeit möglichst viele Begriffe zu erklären. Wie dies gelingt? Dafür gibt es natürlich kein Patentrezept. Dennoch haben sich beim Spielen einige Grundstrategien herauskristallisiert:

- Die Spieler sprechen in der Alltagssprache miteinander. Substantivierungen, Nominalstil, Fach- und Fremdwörter sind da eher die Ausnahmen.
- Die Spieler verwenden konkrete Begriffe und Bilder. Sie vermeiden abstrakte und komplizierte Begriffe.
- Die Spieler bilden kurze, einfache Sätze. Sie verzichten auf Schachtelsätze und lange Nebensätze.
- Die Spieler umschreiben und suchen Synonyme.
- Die Spieler suchen Wörter oder Begriffe, die das Gegenteil oder die Gegenposition beschreiben.
- Die Spieler zerlegen längere Wörter, zusammengesetzte Begriffe oder Wortverbindungen in ihre Bestandteile. Dann beschreiben sie diese einzelnen Teile getrennt voneinander.

Und noch etwas hat die Spielpraxis gezeigt: Die Teilnehmer erraten die Begriffe schneller, wenn sie sich untereinander kennen, ein vergleichbares Alter und einen vergleichbaren Hintergrund haben oder in einer ähnlichen Lebenssituation oder Lebensphase stecken. Denn dann weiß der eine, wie der andere tickt. Begriffe lassen sich umso einfacher erklären, je mehr die Mitspieler übereinander, ihre Berufe, Hobbys und Vorlieben wissen.

Dann erklärt ein Spieler einen Begriff. Der Mitspieler versteht sofort, was sein Partner ihm *damit* sagen möchte.

Beispiele:

> *Die Mitspieler sind Studenten. Einer erklärt: „Der Ort, an dem wir meist zu Mittag essen." Dann ist für die anderen sofort klar: „Die Mensa". Für Nicht-Studierende steht der Mittagstisch wahrscheinlich ganz woanders – in der Kantine, im Imbiss, im Restaurant oder im Büro.*

> *Wenn sich die Spieler untereinander kennen, dann muss der eine nur von „Deiner Lieblingsfrucht" sprechen – und schon weiß sein Gegenüber: Das kann nur die Erdbeere sein.*

Ganz anders kann es aussehen, wenn die Mitspieler aus unterschiedlichen Lebenswelten kommen und wenig übereinander wissen. Für Verheiratete ist „der schönste Tag im Leben" oft die Hochzeit. Jedenfalls würden sie das behaupten. Singles haben eine Hochzeit logischerweise noch nicht erlebt. Deshalb werden sie auf die Beschreibung „der schönste Tag im Leben" womöglich mit „Geburtstag" oder dem „Sieg bei der Fußballweltmeisterschaft" antworten. Zu Verständnisschwierigkeiten kann es auch kommen, wenn Eltern auf einen kinderlosen Wissenschaftler stoßen. Für Eltern sind Fischstäbchen oft gleichbedeutend mit „Captain Iglo". Für den Wissenschaftler ohne Familienanhang sind sie möglicherweise „eine zum Essen zerkleinerte und panierte Menge von schwimmenden Organismen".

Tipp:

Wer erklären, informieren und Botschaften transportieren möchte, muss seine Zielgruppe kennen. Er muss wissen, wie diese tickt, welche Vorkenntnisse, welchen Hintergrund sie hat. Denn nur so kann der Sender (einigermaßen) sichergehen, dass der Empfänger die Botschaft auch so versteht, wie sie tatsächlich gemeint ist.

5.2 Klar schreiben

5.2.1 Einfach reden, aber kompliziert denken – Hände weg von Floskeln, Phrasen und Bürokratendeutsch

„Man muss einfach reden, aber kompliziert denken – nicht umgekehrt." Dieses Zitat stammt von Franz-Josef Strauß. In dieselbe Kerbe schlug auch der Philosoph Karl Popper. Er sagte: „Wer's nicht einfach und klar sagen kann, der soll schweigen und weiterarbeiten, bis er's klar sagen kann." Strauß und Popper haben Recht. Im Alltag tun wir es auch ganz selbstverständlich. Wir sprechen klar. In der Umgangssprache verzichten wir auf Amts- oder Bürokratendeutsch. Oder kennen Sie jemanden, der sagt: „Ich befestige ein Postwertzeichen auf meiner Postsendung"? Wir wetten, dass Sie niemanden finden werden, der so spricht. Und: Wer folgt im täglichen Leben einer Umleitungsempfehlung? Niemand. Jeder fährt die Umleitung. Kein Kollege fragt: „Wie ist es um deine bankwirtschaftlichen Kompetenzen bestellt?" Wer spricht vom Prozess des Auslotens, wenn er bar jeglicher Ahnung ist?

Auch von der „Bereitstellung der Mittel zur Gewährung von Leistungen an ehemalige Zwangsarbeiter und von anderem Unrecht aus der Zeit des Nationalsozialismus Betroffene" würden wir im Alltag nie sprechen. Das ist Beamtendeutsch, wie es in Bundestagsdrucksachen zu finden ist. Besonders unter Juristen ist die Angewohnheit verbreitet, Sätze mit Floskeln und nichtssagenden Füllwörtern zu spicken. Inflationär verwenden sie die Wörtchen gewissermaßen und gleichwohl. In der Alltagssprache lassen wir diese Füllwörter meist weg. Trotzdem werden wir verstanden. Gut sogar.

Bürokraten, Unternehmen, Verbände und Politiker ignorieren das, was wir im Alltag ganz selbstverständlich tun. Uns klar ausdrücken. Unternehmen sprechen fröhlich von bankwirtschaftlichen Kompetenzen, innovativer Ablauforganisation und dynamischen Synergieeffekten. DHL wirbt mit dem Slogan „Wir liefern maßgeschneiderte Express-Lösungen. Auch für Ihr Business." Was sich dahinter verbirgt, weiß wohl niemand so genau. Lösungen, Kompetenzen, Organisationen, Effekte, Potenziale, Maßnahmen, Offensiven, Instrumente, Segment, Sektor, Aktivitäten, Prozesse, Strategien, Technologien, Impulse und Dynamik. Diese Wörter werden gerne kombiniert mit einem wichtig klingenden Adjektiv wie global, multinational, zielführend, richtungsweisend, operativ, flexibel, ergebnisorientiert oder konstruktiv. Wenn Sie solche Kombinationen entdecken, dann sind sie mitten drin in der Welt des PR-Geschwafels.

Warum landen denn so viele Pressetexte in den Redaktionen sofort in der „Ablage P"? Weil sie unverständlich sind. Sie sind umständlich formuliert und klingen gestelzt. Ihre Botschaften gehen in einem Nebel aus Worthülsen und Plastikwörtern unter. Das ist ärgerlich und kostet Geld. Denn rund 40 Prozent des Marktwertes börsennotierter Unternehmen hängt von deren Kommunikation ab. Das fanden amerikanische Wissenschaftler schon vor drei Jahrzehnten heraus (Moss 2009: 45). Und trotzdem sind viele PR-Texte noch immer kryptisch. Da werden „Renditepotenziale durch funktionelle Nachhaltigkeit optimiert" und „Kostenreduzierungsoptionen konsequent identifiziert". Manager-Sprech und Phrasen-Drescherei. Otto Normalverbraucher schaut derweil in die Röhre. Er rächt sich, indem er den Text übergeht und (gedanklich) in die Schublade „PR-Kauderwelsch" steckt. Dort gammelt er vor sich hin. Die Chance, Aufmerksamkeit zu bekommen, hat er in den meisten Fällen verspielt.

5.2.2 Die magische Kraft des Nominalstils und der Substantivierungen

Eine magische Anziehungskraft übt der Nominalstil auch auf Parteien, Behörden und Unternehmen aus. Nicht vorenthalten möchten wir Ihnen eine Absage, die ein Mann auf seine Bewerbung um eine Stelle als Rechtsanwalt per E-Mail erhielt.

Sehr geehrter Herr Müller,

vielen Dank für Ihr Interesse und die Zusendung Ihrer Bewerbung. Wir haben durchaus Ihrer Bitte entsprochen und uns Ihre durchaus hervorhebenswerte Bewerbung genauer angesehen.

Nach einem relativ zeitintensiven „Auswahlprozess", der ob der Vielzahl von Bewerbungen nötig war, bin ich jetzt dennoch gebeten, Ihnen mitzuteilen, dass wir Ihre Bewerbung nicht weiterverfolgen möchten.

Mit der Bitte um Verständnis und freundlichen Grüßen

Rechtsanwalt Zeppelin

Wer schon einmal eine Reihe von Substantivierungen hintereinander gekettet hat, der weiß: Hinter Substantiven kann man sich gut verstecken. Sie signalisieren Kraft und Entschlossenheit. Außerdem suggerieren sie Sachverstand. Eigene Unzulänglichkeiten lassen sich leicht vertuschen. „Ich befinde mich im

Prozess des Auslotens" hört sich doch allemal besser an, als zuzugeben, dass man keinen blassen Schimmer hat. Von der Deckelung der Ausgaben zu sprechen, kommt besser an, als zuzugeben, dass man sparen muss.

Und die Anziehungskraft des Nominalstils und der Substantivierungen hat noch einen weiteren Grund: Kein Unternehmen, kein Politiker, keine Behörde, kein Verband möchte sich juristisch angreifbar machen. Aus Angst, sich in die Nesseln zu setzen, werden lieber die Substantivierungen aus dem Gesetz abgeschrieben. Dieses Motiv ist nachvollziehbar. Dennoch: Ein Text mag juristisch perfekt sein, die Lesefreude beim juristischen Laien hält sich in Grenzen. Verstehen Sie uns nicht falsch: Wir wollen Sie nicht dazu ermuntern, juristische Sachverhalte schlampig oder fehlerhaft weiterzugeben. Aber der juristische Laie freut sich trotzdem, wenn er den Text versteht. Oft ist es ganz leicht, den Nominalstil aufzubrechen oder die Bürokratensprache in verständliches Deutsch zu übersetzen. Wie Sie ganz leicht feststellen können, ob Sie Bürokratendeutsch verwenden? Zählen Sie die Silben. Je mehr Silben ein Begriff hat, desto wahrscheinlicher ist es, dass er aus der Bürokratenwelt stammt. Schauen Sie sich die Endungen genau an: Wörter, die auf -ung, -heit, -keit, -ät, -mus, -ik, -ität, -ion oder -ismus enden, sind meist umständlich und bürokratisch. Wenn mehrere dieser Wörter in einer Reihe stehen, dann kann sich der Leser sicher sein: Hier sind Bürokraten am Werk gewesen. Denn diese basteln sich ihre Substantivierungen häufig aus Verben. Indem sie an die unschuldigen Tunwörter einfach eine -ung-Endung anhängen. So wird aus „Kenntnis erlangen" die „Kenntniserlangung", aus „wahrnehmen" die „Wahrnehmung" und aus „bewahren" die „Bewahrung." Nach demselben Muster gestrickt sind auch Substantive wie Inverkehrbringung, Bewältigung, Verpflichtung und Versorgung.

Tipp:

Schauen Sie sich die Endungen genau an: Substantive, die auf -ung, -heit, -keit, -ät, -mus, -ik, -ität, -ion oder -ismus enden, sind meist umständlich und bürokratisch. Wenn mehrere dieser Wörter in einer Reihe stehen, dann kann sich der Leser sicher sein: Hier sind Bürokraten am Werk gewesen.

Zugegeben, Substantiv ist nicht gleich Substantiv. Auch unter den Hauptwörtern gibt es lebendige und schwächliche. Der Sprachkritiker Wilhelm Emanuel Süskind teilte sie in vier verschiedene Kategorien ein:

1. die *bildhaften*, konkreten, „echten" Hauptwörter wie Blitz, Baum, Wolke.
2. Die *bildnahen*, gleichsam personifizierten Substantive wie Treue und Neid.
3. Die *bildleeren*, nicht sehr anschaulichen, geblähten, „unechten" Substantive auf -ung, -heit und -keit.
4. Die *lebenden Leichname:* Zurschaustellung, Ingangsetzung, Inaugenscheinnahme.

Folgende Beispielsätze lassen sich „entbürokratisieren":

> **Beispiel:**
>
> *Was sind die wichtigsten Zielsetzungen, Aufgabenstellungen und Problematiken?*

Der Autor braucht lediglich die bürokratischen Substantivierungen zu streichen. Dann heißt es:

Was sind die wichtigsten Ziele, Aufgaben und Probleme?

Das war eine leichte Übung. Schwieriger ist es bei folgendem Satz:

> **Beispiel:**
>
> *Folglich stiegen auch die Hoffnungen, dass die Bewältigung der kommenden Herausforderungen, die Anpassung der Wirtschaftsordnung an die veränderten Rahmenbedingungen des globalen Wettbewerbs, gelingen würde.*

Denn dieser Satz hat gleich zwei Schwachstellen. Zum einen häufen sich die Substantivierungen. Zum anderen ist der Nebensatz viel zu lang. Er besteht aus 17 Wörtern. Der Leser braucht mehr als drei Sekunden, um ihn zu verstehen. Wenn er an seinem Ende angekommen ist, dann hat er wahrscheinlich den Anfang schon wieder vergessen. Deshalb müssen wir zwei Schritte machen:

Schritt 1: Überlegen Sie, welche Substantivierungen überflüssig sind. Das gelingt nur dem, der den Satz verstanden hat.

Die Wirtschaftsordnung soll den veränderten Rahmenbedingungen des globalen Wettbewerbs angepasst werden.

Das ist die Kernbotschaft – wenn auch noch nicht besonders schön formuliert. Die Phrase *Bewältigung der kommenden Herausforderungen* kann der Autor getrost streichen. Denn sie transportiert keine wichtige Information, ist bloßer Ballast. Damit hat er schon zwei Substantivierungen los. Der so entschlackte Satz heißt jetzt:

Folglich stiegen auch die Hoffnungen, dass die Anpassung der Wirtschaftsordnung an die veränderten Rahmenbedingungen des globalen Wettbewerbs gelingen würde.

Aus sechs bildleeren Substantiven sind vier geworden. Immerhin. Trotzdem enthält dieser Satz noch zu viele. Hier setzt *Schritt 2* an.

Schritt 2: Überlegen Sie weiter, wie Sie die Substantivierungen auflösen können. Oft gelingt dies, indem Sie Substantive wieder zu Verben machen. In unserem Satz ist die Formulierung *Anpassung der Wirtschaftsordnung (...) gelingen würde* sehr umständlich. Der Autor kann diese Satz-Passage umformulieren in:

Die Wirtschaftsordnung an die veränderten Rahmenbedingungen des globalen Wettbewerbs anpassen.

Der Satz heißt dann:

Folglich stiegen auch die Hoffnungen, dass die Wirtschaftsordnung an die veränderten Rahmenbedingungen des globalen Wettbewerbs angepasst würde.

Und wieder haben wir eine Substantivierung los. Aus vier mach drei. Dieser Satz ist schon wesentlich besser zu verstehen. Wenn Sie an diesen Punkt gekommen sind, dann ist Ihre Kreativität gefragt. Denn jetzt heißt es: Den Satz umzuformulieren, ohne die Kernbotschaften zu verlieren. Die Endfassung könnte dann so aussehen:

Damit wuchs auch die Zuversicht, die Wirtschaftsordnung an ein Umfeld anpassen zu können, das sich durch den globalen Wettbewerb massiv verändert hatte.

Tipp:

■ Zählen Sie die Silben. Je mehr Silben ein Begriff hat, desto wahrscheinlicher ist es, dass er aus der Bürokratenwelt stammt.

■ Schauen Sie sich die Endungen der Substantive ganz genau an: *-ung, -keit, -ik, -ität, -ion* oder *–ismus* deuten auf Bürokratensprache hin.

■ Machen Sie Jagd auf überflüssige Substantivierungen.

■ Lösen Sie Substantivierungen auf, indem Sie diese in Verben zurückverwandeln.

■ Seien Sie kreativ und mutig! Schreiben Sie Sätze um.

■ Lassen Sie dabei aber die Kernbotschaften und den Inhalt nicht aus dem Auge.

5.2.3 Der Deutschen Liebesaffäre mit dem Passiv

Wir Deutsche haben eine Liebesaffäre mit dem Passiv. Wir lieben es heiß und innig. Dabei tut es uns gar nicht immer so gut. Oft wäre das Aktiv viel besser. Warum? Weil es die Täter oder Verantwortlichen beim Namen nennt, damit Klarheit erzwingt und Sätze beschleunigt. Vergleichen Sie selbst:

Max und Moritz stopften dem braven Lehrer Lämpel Pulver in die Pfeife.

Das ist der Aktiv-Satz. Jetzt die Passiv-Version:

Die Pfeife des braven Lehrer Lämpel wurde mit Pulver gestopft.

In der zweiten Version wissen wir nicht: Wer waren die Bösewichte? Wer hat die Pfeife des Lehrers mit Pulver gestopft? In der Aktiv-Konstruktion erfährt dies der Leser sofort: Max und Moritz waren die Übeltäter.

Natürlich hätte der Autor auch in der Passiv-Konstruktion die Täter nennen können.

Die Pfeife des braven Lehrer Lämpel wurde von Max und Moritz mit Pulver gestopft.

Dieser Satz ist aber länger und umständlicher als wenn man zum Aktiv greift:

Max und Moritz stopften dem braven Lehrer Lämpel Pulver in die Pfeife.

Und noch ein Beispiel:

Seitens der EU-Kommission ist der Vorschlag unterbreitet worden, einen Europäischen Risikorat einzurichten.

In diesem Satz gibt es keinen rationalen Grund für das Passiv. Denn der Autor will ja gerade den Verantwortlichen nennen. Er will sagen:

Die EU-Kommission hat den Vorschlag unterbreitet, einen Europäischen Risikorat einzurichten.

Und noch etwas spricht gegen Passiv-Konstruktionen. Sie verleiten zu umständlichen Umklammerungen.

Beispiele:

Die Pfeife von Lehrer Lämpel wurde gestern gegen Mitternacht im Kerzenschein im Wohnzimmer des Pädagogen mit Pulver gestopft.

*Seitens der EU-Kommission **wurde** der Vorschlag, einen Europäischen Risikorat noch in diesem Jahr einzurichten, **unterbreitet**.*

Auch Bürokraten lieben das Passiv:

Wenn das Verfahren abgeschlossen ist, werden Sie benachrichtigt.

Stattdessen hätte es auch heißen können:

Wir werden sie benachrichtigen, wenn wir das Verfahren abgeschlossen haben.

Stillehrer Wolf Schneider (Schneider 2007: S.57) zitiert den Journalisten Wilfried Seifert „Sie werden in Kenntnis gesetzt, das ist Papier. Ich aber sage euch, das ist die Bergpredigt."

In dieselbe Kategorie wie das Passiv fallen auch Konstruktionen mit dem Indefinit-Pronomen „man". Nominell sind dies zwar Aktiv-Sätze. Sie sind jedoch genauso umständlich wie Passiv-Konstruktionen. Trotzdem sind sie im Deutschen sehr beliebt.

Beispiele:

Man stopfte die Pfeife mit Pulver.

Man hat seitens der EU-Kommission den Vorschlag unterbreitet, einen Europäischen Risikorat einzurichten.

Sie sehen: Meist macht das Aktiv Texte lebendiger, dynamischer und frischer. Das Passiv ist nur in einigen wenigen Fällen besser. Dann nämlich, wenn der Autor den Verantwortlichen nicht nennen möchte, dieser unbekannt oder allseits bekannt ist oder keine Rolle spielt. Das Passiv nur deshalb zu verwenden, weil man den Akteur nicht recherchieren will, ist Ausdruck von Faulheit!

Beispiele:

Der Film „Die Blechtrommel" ist mit dem Oscar ausgezeichnet worden.

Hier ist entscheidend, dass der Film „Die Blechtrommel" den Oscar gewonnen hat. Es liegt auf der Hand, dass die Oscar-Jury den Film ausgezeichnet hat. Wer in dieser Jury sitzt, ist eine Detailinformation, die wohl nur einen kleineren Kreis von Cineasten interessiert. Deshalb kann der Autor diese Zusatzinformation (in der Regel) getrost weglassen – es sei denn, sein Text wendet sich an diese spezielle Zielgruppe.

Der Täter XY ist wegen gefährlichen Raubes zu acht Jahren Gefängnis verurteilt worden.

Hier ist entscheidend, welche Strafe der Täter für welche Tat bekommen hat. Jedem ist klar, dass ein Gericht die Strafe verhängt hat. Welches Gericht das genau war, interessiert wiederum nur die Experten.

Die Skilifte werden um 16 Uhr geschlossen.

Auch hier ist es egal, wer die Skilifte schließt. Wichtig für Skifahrer ist, dass sie vor 16 Uhr am Lift sein müssen, wenn wir noch einmal auf den Berg befördert werden wollen.

Hunderte T-Shirts sind bedruckt und verkauft worden.

Hier spielt es keine Rolle, wer die T-Shirts bedruckt und verkauft hat.

5.2.4 Verben statt Substantive

In PR-Texten wimmelt es nur so von Substantiven. Dabei wirken sie oft sehr bürokratisch und technisch. Verben hingegen sind lebendiger, eingängiger, frischer und auch leichter verständlich. Sie zeigen: Hier passiert etwas. Der römische Feldherr Gaius Julius Cäsar wird noch Jahrtausende nach seinem Tod mit seinem markigen Spruch zitiert: *„Ich kam, sah und siegte."* Gute Redakteure jonglieren mit Verben. So war in der Zeitschrift *Der Spiegel* zu lesen: *„Der Mann, der Deutschland spaltet, schläft schlecht."*[37] Die Rede war von Thilo Sarrazin. In einem Artikel über Zivilcourage in derselben Zeitschrift heißt es: *„Er knöpft seine Kochjacke auf, hängt sie an den Haken, zieht seinen Anorak über, setzt die Baseballkappe auf, er hat zwölf Stunden gearbeitet, er will nach Hause."*[38] Obwohl Redakteure Verben hofieren, findet man in Pressetexten statt ihrer immer wieder Substantive.

Beispiel:

Die Ergebnisse unserer Studie bestätigen uns in diesen Aktivitäten – sowohl was die Nachfrage nach Wirtschafts- und Finanzinformationen als auch was deren Notwendigkeit angeht.

Dabei klingt der Satz mit mehr Verben viel frischer und dynamischer. Nämlich so:

Die Ergebnisse der Studie bestärken uns. Denn junge Menschen wollen mehr über Wirtschaft und Finanzen wissen – dies halten wir auch für notwendig.

Politikerreden und Unternehmenstexte hören sich so an:

Daher muss allen geeigneten Maßnahmen zur Prävention eine hohe Priorität eingeräumt werden.

Dieser Satz hat zwei Knackpunkte. Zum einen verwendet der Autor zu viele Substantive. Zum anderen frönt er der „Passivitis". Die Folge: Der Satz liest sich zäh. Dabei will der Verfasser doch nichts anderes sagen als:

Wir müssen alles tun, um vorzubeugen.

---

37 Der Spiegel 36/2010, S. 22.
38 Der Spiegel 36/2010, S. 63.

Sie sehen: Auch wir mögen Verben. Aber Vorsicht: Genauso wie bei Substantiven gibt es auch bei Verben die kraftvollen und die schwächlichen. Temperamentvolle, lebendige Verben wecken die Neugier der Leser. Denn jeder interessiert sich dafür, wenn sich etwas verändert. Verben sollten Veränderungen beschreiben. Nicht umsonst heißen sie im Deutschen Tätigkeitswörter oder Tunwörter. Deshalb genießen *diejenigen* Verben wenig Respekt unter Sprachstil-Experten, die statt einer Tätigkeit lediglich einen Zustand beschreiben. Beispiele dafür sind: *sich handeln um, sich befinden, über etwas verfügen, (vor-)liegen, (be-)stehen, (be-)sitzen, geben, gehören, sich belaufen auf, liegen und vorliegen.*

Dann gibt es noch die Verben, die eine Tätigkeit nur vortäuschen. In Wirklichkeit sind sie verkappte Passiv-Konstruktionen. Beispiele für solche falschen Tätigkeitswörter sind *erfolgen* und *hervorrufen.*

Beispiele:

> *Der Vorschlag rief Begeisterung hervor.*

Wie bei der Passiv-Konstruktion „*Der Vorschlag wurde begeistert aufgenommen*" bleibt hier unklar, wen der Vorschlag begeistert hat.

> *Nach dem zweiten Anruf erfolgte die Zustellung des Pakets.*

Auch dieser Satz beschreibt keine Tätigkeit, sondern verbirgt ein Passiv:

> *Nach dem zweiten Anruf wurde das Paket zugestellt.*

Neben lebendigen und falschen Tätigkeitswörtern gibt es noch eine dritte Kategorie: die überflüssigen Verben. Dazu zählen *verursachen, bewirken* und *bewerkstelligen.*

> *Der Tritt des Pferdes verursachte die Verletzung des Kindes.*

Das Verb *verursachen* macht den Satz umständlich. Flüssiger zu lesen ist:

> *Das Pferd trat das Kind und verletzte es dadurch.*

> *Die Abmahnung durch den Chef bewirkte eine Änderung im Verhalten des Mitarbeiters.*

Auch dieser Satz klingt sehr bürokratisch. Besser ist:

Nach der Abmahnung durch den Chef änderte der Mitarbeiter sein Verhalten.

Der Autor könnte stattdessen auch schreiben:

Der Chef mahnte den Mitarbeiter ab. Danach änderte dieser sein Verhalten.

Stillehrer (vgl. Schneider 2010b: 47) warnen vor so genannten Imponierverben, die auf -ieren enden. Davon gibt es eine Reihe wie *sondieren, thematisieren, tabuisieren, stigmatisieren, eruieren, reflektieren, generieren, priorisieren, fokussieren, funktionalisieren, implementieren, referenzieren, initiieren* und *operationalisieren*.

Auch mit so genannten Streckverben wie *in Vorschlag bringen, in Abrede stellen, auf den Weg bringen* oder *in Erwägung ziehen* verliert ein Text an Dynamik.

Statt dieser Streckverben sollte der Autor besser Wörter einsetzen wie: *vorschlagen, leugnen/bestreiten, beginnen/anfangen* und *erwägen*.

Tipp:

- Markieren Sie Zustandsverben, falsche Tätigkeitswörter, überflüssige Verben, Imponierverben und Streckverben in Ihren Texten.
- Überlegen Sie, ob Sie diese nicht durch lebendige Verben ersetzen können.

5.2.5 Das Adjektiv als Feind des Substantivs

Der französische Philosoph und Autor Voltaire soll einmal gesagt haben: „Das Adjektiv ist der Feind des Substantivs". Gilt das immer noch? Sollte der Autor guter Texte auf Adjektive verzichten? Das wird kaum gelingen. Trotzdem sollte man genau hinschauen, wo Adjektive notwendig sind und wo nicht. Denn oft finden sich in Texten Adjektive, die zwar richtig sind, aber sehr bürokratisch klingen. Ein Verb würde den Text auflockern. Weniger technisch als „hilfreich sein" klingt das schlichte Wort „helfen". Wer etwas *kritisch zu hinterfragen* hat, kann es auch einfach bezweifeln. *Strengstes Stillschweigen bewahren* kann der Autor zu „geheimhalten" umformulieren.

5.2.5.1   Von toten Leichen und anwaltlichen Beratern

So manche Adjektiv-Substantiv-Konstruktion entpuppt sich bei näherem Hinsehen als Tautologie[39]. Schulbeispiele für Tautologien sind „alter Greis", „tote Leiche" oder „schwarzer Rappe". Zugegeben, mit diesen Begriffen werden Sie in Ihrer täglichen PR-Arbeit wahrscheinlich eher weniger zu tun haben. Aber auch Konstruktionen wie „schwere Verwüstung", „geballte Faust", „grausame Bluttat" oder „feierliche Zeremonie" sind Tautologien. Und diese Wendungen kommen schon öfter einmal vor. In PR-Texten tummeln sich außerdem Adjektive, die zwar nicht tautologisch, aber überflüssig sind. Was ist ein anwaltlicher Berater anderes als ein Anwalt? Was ein gerichtliches Verfahren anderes als ein Gerichtsverfahren? Was unterscheidet eine männliche Person von einem Mann? Die Bürokratensprache verwendet auch gerne Konstruktionen wie *im schulischen Bereich, im betriebswirtschaftlichen Sektor* oder *auf der wirtschaftspolitischen Ebene*. Das alles klingt sehr steif. Dabei hätten ein knappes *in der Schule, in der Betriebswirtschaft* und *in der Wirtschaftspolitik* ausgereicht.

5.2.5.2   Idealst und optimalst – wer bietet mehr?

In manchen Adjektiven steckt ein Superlativ – ohne dass man ihnen das auf den ersten Blick ansieht. Beispiele dafür sind maximal, optimal oder ideal – besser geht es nicht! Trotzdem legen viele PR-und Werbetexte noch eins drauf. So wirbt ein Tauchshop für eine Ausrüstung, mit der der Sportler die *maximalste* Tiefe erreichen kann. Ein Internet-Forum bezeichnet die Spiritualität als die *maximalste* Erweiterung des Erkenntnishorizontes.

Eine Kreiszeitung verkündet stolz, die *optimalste* Lösung für die Sanierung einer Landesstraße sei gefunden. Auf einer Homepage für Immobilien bewirbt ein Wohnungseigentümer sein Angebot mit „der *optimalsten* Verbindung zwischen Wohnen und Arbeiten".

Ein Blogger schreibt im Netz, der Ferienjob sei der *idealste* Nebenjob für Schüler. Ein Landrat verkündet in seiner Rede stolz: „Hier hat die Flagge den *idealsten* Standort gefunden." Sehr beliebt ist auch die Steigerung *bestmöglichst*.

Alles gut gemeint, aber falsch. Maximal, optimal und ideal sind bereits Superlative. Mehr geht im Deutschen nicht.

---

[39]   Die Stilistik versteht unter einer Tautologien eine Wendung, in der einem Substantiv ein Adjektiv hinzugefügt wird, dessen Bedeutung schon im Substantiv enthalten ist.

5.2.5.3 Wer hat Angst vor zweistöckigen Hausbesitzern im elterlichen Haus?

Es gibt auch Adjektive, die in einem falschen Zusammenhang gebraucht werden. Oder kennen Sie eine Kälte, die sozial ist? Nein. Trotzdem schürte die SPD in ihren Wahlkämpfen die Angst vor einer „Sozialen Kälte" in Deutschland. Oder sind Sie schon einmal einem zweiköpfigen Familienvater oder einem zweistöckigen Hausbesitzer begegnet? Auch ein elterliches Haus gibt es streng genommen nicht. Genauso wenig wie eine gezielte Maßnahme oder eine geholfene Frau.

Fazit:

Klar zu schreiben, ist ein Qualitätsmerkmal für gute Texte. Das macht verdammt viel Arbeit. Aber es lohnt sich. Dazu der ehemalige „Tagesthemen"-Moderator Hanns Joachim Friedrichs: Das Publikum habe „im allgemeinen ein feines Gespür für die Mühe, die sich einer macht, um einen komplizierten Zusammenhang so aufzudröseln, dass er begriffen werden kann, ohne an Substanz verloren zu haben (Friedrichs 1993: 22).

Wenn Sie jetzt denken: Da muss ich aber viel beachten, um einen klaren Satz zu Papier zu bringen, dann trösten Sie sich mit einem Zitat von William Zinsser: „Schreiben ist harte Arbeit. Ein klarer Satz ist kein Zufall. Sehr wenige Sätze stimmen schon bei der ersten Niederschrift oder auch nur bei der dritten. Nehmen Sie das als Trost in Augenblicken der Verzweiflung. Wenn Sie finden, dass Schreiben schwer ist, so hat das einen einfachen Grund: Es ist schwer."

Und gelungene Sätze sind straff gebaut, sie haben Muskeln und folgen einem Rhythmus. (Klaus Jarchow in Medium Magazin 2010: 12)

Wenn Sie unser Buch bis hierher gelesen haben, dann wissen Sie: Bei Texten plädieren wir für die Formel einfach und kurz. Wer sich aber trotzdem den Spaß machen möchte, aus einem einfachen Satz einen komplizierten zu drechseln, dem sei folgender „Kleiner Workshop" empfohlen.

„Kleiner Workshop" *(Rössner/Klaner 1999: 6)*
In sechs Schritten zum komplizierten Satz

1. Schritt: Sie nehmen einen ganz normalen Satz.

> *Vielen Dank für Ihren Brief. Wir beantworten Ihre Fragen, sobald wir mit Herrn Müller darüber gesprochen haben.*

2. Schritt: Sie reichern den Satz mit Substantiven an. Ersetzen Sie einfach alle Verben durch Substantive oder Streckverben. Und vergessen Sie nicht, die Substantive mit der Endung „-ung" aufzublähen.

> *Vielen Dank für Ihren Brief. Wir kommen in Beantwortung Ihrer Fragen auf Sie zurück, sobald wir Rücksprache mit Herrn Müller gehalten haben.*

3. Schritt: Sie anonymisieren den Text.

> *Vielen Dank für das vorgenannte Schreiben. Die Unterfertigten kommen in Beantwortung der darin aufgeworfenen Fragen auf diese zurück, sobald sie Rücksprache mit dem Mandanten gehalten haben.*

4. Schritt: Sie übersetzen alles ins Passiv.

> *Für das vorgenannte Schreiben möchten wir uns bedanken. Die Unterfertigten werden in Beantwortung der darin aufgeworfenen Fragen auf diese zurückkommen, sobald unsererseits Rücksprache mit dem Mandanten gehalten werden konnte.*

5. Schritt: Sie würzen Ihre Arbeit mit unnötigen Adjektiven und Partizipien.

> *Bezugnehmend auf das vorgenannte Schreiben möchten wir uns bedanken. Die Unterfertigten werden in alsbaldiger Beantwortung der darin aufgeworfenen interessanten Fragen umgehend auf diese zurückkommen, sobald unsererseits die unverzichtbare Rücksprache mit dem derzeit abwesenden Mandanten gehalten werden konnte.*

> *6. Schritt:* Wiederholen Sie abschließend unbedingt noch einmal *Schritt 2.*
>
> *Bezugnehmend auf das vorgenannte Schreiben möchten wir unseren Dank aussprechen. Die Unterfertigten werden in alsbaldiger Erledigung der darin aufgeworfenen interessanten Fragen umgehend auf diese Bezug nehmen, sobald unsererseits die unverzichtbare Rücksprache mit dem derzeit auf einer Reise befindlichen Mandanten gehalten werden konnte.*

Im Seminar „Deutsch für Juristen" an der Universität Potsdam haben wir diese Übung gemacht. Sehen Sie selbst, was aus einem einfachen Satz wurde.

1. Schritt: Liebe Mama, richte bitte Papa aus, dass ich ihn morgen anrufen werde.

2. Schritt: Liebe Mama, mache bitte Papa eine *Mitteilung* darüber, dass ich am morgigen *Tag* ein *Telefonat* mit ihm zustande bringen werde.

3. Schritt: Liebste Mutter, mache bitte *deinem Mann* eine Mitteilung darüber, dass *seine Tochter* am morgigen Tag ein Telefonat mit ihm zustande bringen wird.

4. Schritt: Liebste Mutter, mache bitte deinem Mann eine Mitteilung darüber, dass am morgigen Tag von seiner Tochter ein Telefonat mit ihm *zustande gebracht werden wird.*

5. Schritt: Liebste *hochverehrte* Mutter, mache bitte deinem *geschätzten* Ehegatten eine *umfassende* Mitteilung darüber, dass am morgigen Tag von seiner ihn aufs *Schrecklichste vermissenden* Tochter ein Telefonat mit ihm zustande gebracht werden wird.

6. Schritt: Liebste hochverehrte Mutter, ich bitte dich um die schnellstmögliche *Ausfertigung* einer umfassenden Mitteilung an deinen geschätzten Ehegatten darüber, dass einer *Zustandebringung* eines ausführlichen Telefonats durch seine ihn aufs Schrecklichste vermissenden Tochter am morgigen Tag nichts entgegensteht.

5.3 Von Heuschrecken und Monstern – bildhaft schreiben

Sprachbilder sind wirkungsvoll und bleiben lange im Gedächtnis. Manche Themen sind aus sich heraus schon interessant und spannend. Diese braucht der Schreiber nicht unbedingt mit originellen Sprachbildern aufzupeppen. Aber dann gibt es noch die vielen, vielen Themen, die der Leser als abstrakt, komplex und staubtrocken wahrnimmt. Wir sagen nur: Steuern, Geldanlage oder Recht. Viele Leser haben schon dann einen inneren Widerstand, wenn sie nur ahnen, dass sich ein Text um solche Themen dreht. Denn sie wissen: In solchen Texten werden sie mit abstrakten, komplizierten Begriffen konfrontiert. Abstraktes mag das Gehirn nicht, denn das kann es sich schlecht merken. Wir erinnern uns: Die linke Gehirnhälfte ist für das Abstrakte zuständig. Die rechte Gehirnhälfte ordnet dem Abstrakten Emotionen, Gerüche, Geräusche und Bilder zu. Speichern kann das Gehirn Begriffe besser, wenn beide Gehirnhälften angesprochen werden. Das gelingt dann, wenn der Schreiber Sprachbilder verwendet.

Während der Finanzkrise hat der ehemalige Bundespräsident Horst Köhler die internationalen Finanzmärkte in einem Interview mit der Zeitschrift *stern* als Monster bezeichnet:

„Jetzt muss jedem verantwortlich Denkenden in der Branche selbst klar geworden sein, dass sich die internationalen Finanzmärkte zu einem Monster entwickelt haben, das in die Schranken gewiesen werden muss.“[40]

Dieses plastische Bild griffen die Medien begierig auf. Die „Monsterdebatte" entwickelte sich.

Drei Jahre zuvor war es dem damaligen SPD-Vorsitzenden, Franz Müntefering, gelungen, einen Begriff zu prägen. Im Jahr 2005 hatte er in einem Interview mit der Zeitung *BILD am SONNTAG* das Verhalten „anonymer Investoren" mit einer Heuschreckenplage verglichen[41]:

„Manche Finanzinvestoren verschwenden keinen Gedanken an die Menschen, deren Arbeitsplätze sie vernichten – sie bleiben anonym, haben kein Gesicht, fallen wie Heuschreckenschwärme über Unternehmen her, grasen sie ab und ziehen weiter. Gegen diese Form von Kapitalismus kämpfen wir.“

---

40   Stern-Interview vom 14. Mai 2008.
41   Auslöser war ein Interview mit Müntefering, das am 17. April 2005 in der „BILD am SONNTAG" erschienen ist.

Damit hatte Franz Müntefering die so genannte Heuschreckendebatte losgetreten. Heuschrecken gelten seitdem im deutschen Sprachgebrauch als eine abwertende Tiermetapher für Private-Equity-Gesellschaften, Hedge-Fonds oder so genannte „Geierfonds".
Auf die internationale Kritik am Verbot von bestimmten Leerverkäufen in Deutschland antwortete Finanzminister[42] Wolfgang Schäuble:

„Wenn man einen Sumpf trocken legen will, darf man nicht die Frösche fragen."

Mit einem ähnlich plastischen Vergleich beantwortete Franz Josef Strauß im Jahr 1968 die Frage nach einer potenziellen Kanzlerkandidatur:

„Was mich angeht, so würde ich lieber Ananas in Alaska züchten als Bundeskanzler sein."

Zu seinem Verhältnis zur CSU befragt, sagte Ludwig Stiegler, ehemaliger Landesvorsitzende der bayerischen SPD:

„Es darf nicht dazu kommen, dass wir in der Küche Zwiebeln schneiden, und die anderen kassieren vorne das Trinkgeld."[43]

Leute, die lesen, sind knapp wie Tangas. Das war die Überschrift eines Schülerartikels in der Frankfurter Allgemeinen Zeitung. Ein schöner Titel, der sicher den ein oder anderen zum Lesen des gesamten Textes animiert hat.
Während der Finanzkrise diskutierten Experten heftig die Frage, ob und wie stark die internationalen und europäischen Finanzmärkte an die kurze Leine genommen werden müssen. Ein komplexes Thema gespickt mit abstrakten Begriffen. Auch hier helfen Bilder, dem Leser das Thema schmackhaft zu machen (vgl. Liesem/Franke 2009 b: 15).

„Der Übergang in einen harmonisierten Finanzbinnenmarkt ohne europäische Finanzaufsicht ist wie der Ausbau eines Sportflugplatzes zu einem Großflughafen, bei dem ausgerechnet Tower und Radarsystem unverändert bleiben."

Bilder bieten sich auch an, wenn der Autor Größen und Maße anschaulich machen möchte.

---

42 Spiegel Online vom 20.5.2010, vgl. http://www.spiegel.de/wirtschaft/soziales/0,1518, 695931,00.html.
43 Spiegel vom 30.1.2006, vgl. http://www.spiegel.de/spiegel/print/d-45624781.html.

Beispiele:

Der Kran war so hoch wie der Kölner Dom.

Das Messezentrum war so groß wie vier Fußballplätze.

Der Pilz wog so viel wie ein Neugeborenes.

Auch wenn sicher nicht jeder den Kölner Dom gesehen hat, so wird er doch eine ungefähre Vorstellung von dessen Größe haben.

Wie groß ein Fußballplatz ungefähr ist, das weiß wohl jeder. Mit diesem Vergleich kann der Leser abschätzen, wie groß das Messezentrum sein muss.

Jeder, der selbst Kinder hat, weiß, wie viel ein neugeborenes Baby ungefähr wiegt. Aber auch Kinderlose haben davon eine ungefähre Vorstellung. Denn sie haben sicher schon einmal Geburtsanzeigen in die Hände bekommen, auf denen stolze Eltern aus ihrem Bekanntenkreis Größe und Gewicht ihres Babys vermeldet haben.

All diese Beispiele zeigen: Sprachbilder können dazu beitragen, aus trockenen und abstrakten Themen interessante Texte zu machen. Bilder sind wirkungsvoll. Das wissen auch die Öffentlichkeitsarbeiter. Deshalb wimmeln viele PR-Texte auch nur so von Bildern. Trotzdem locken sie niemanden (mehr) hinter dem Ofen hervor. Warum? Weil sie so inflationär verwendet werden. In jeder zweiten Politikerrede stellen die Parteien *die Weichen neu*, weil irgendjemand *grünes Licht* gegeben hat. Trotz der immensen Erfolge in der vergangenen Legislaturperiode will sich niemand auf *den Lorbeeren ausruhen.* Dabei kann sich – streng genommen – niemand auf *Lorbeeren ausruhen.* Denn die vermeintlichen Lorbeeren sind in Wahrheit die Blätter des Lorbeerbaums, aus dem der Lorbeerkranz geflochten wird. Auf Blättern kann man sich schlecht ausruhen. Deshalb muss es richtig heißen: Auf dem Lorbeer ausruhen. Aber dies nur am Rande.

Am Schalthebel der Macht sei man *für die Herausforderungen der Zukunft gerüstet.* Der Staat *bittet die Bürger zur Kasse.* Aber das ist nur *die Spitze des Eisberges. Am Ende des Tunnels* warten auch keine Steuererleichterungen. Der *Zug* für Steuersenkungen *ist* ein für alle Mal *abgefahren.* Diese Bilder sind Fertigware. Sie langweilen. Oder um es wissenschaftlicher auszudrücken: Mit zunehmender Frequenz nimmt die Ausdrucksstärke ab.

In vielen Redaktionen gibt es schwarze Listen mit Wortbildern, die für die Redakteure tabu sind. Die Journalisten dürfen *nicht ins Fettnäpfchen treten, den Geldhahn zudrehen, aus dem Nähkästchen plaudern* oder *ins Wespennest stechen* (zitiert nach Schneider 2010: 87). Auch Journalistenschüler werden mit einem so genannten Index konfrontiert, in dem unerwünschte Wortbilder aufgeführt sind. So sollen sie keine *Nägel mit Köpfen machen, nichts unter den Teppich kehren* und auch *keinen Zug abfahren* lassen. Wenn sie *die Gretchenfrage stellen*, sind sie *weg vom Fenster*.

Auch professionelle PR-Agenturen haben solche Giftlisten: Allerweltsbilder wie zum Beispiel *an den Pranger stellen, aus allen Nähten platzen, auf Hochtouren laufen* oder *aus dem Dornröschenschlaf erwachen* sind dort tabu.

Tipp:

- Setzen Sie Sprachbilder dosiert ein.
- Vermeiden Sie Massenware.

6. Die Kunst des Anfangs und des Schlusspunkts

6.1 Anfang und Ende...

„Der erste Satz ist wichtig. In der Liebe wie auch in der Literatur. Ein guter erster Satz entscheidet oftmals schon darüber, ob wir uns in einen Menschen oder in ein Buch verlieben, ob wir berührt werden und uns voller Neugier auf das Versprechen einer guten Geschichte einlassen. "

Wettbewerb der Initiative Deutsche Sprache
und der Stiftung Lesen im Jahr 2007.

„Ich nehme meine Leser ernst. Deshalb ist mir das erste Kapitel, ja der erste Satz eines Romans am wichtigsten. "

John Irving, US-amerikanischer Schriftsteller.

Aller Anfang ist schwer – auch beim Schreiben. Stellen Sie sich die leckerste Praline vor, die Sie jemals gegessen haben. Merken Sie, wie Ihnen das Wasser im Mund zusammenläuft? Genauso wie diese Praline muss der erste Satz eines Textes sein. Er muss dem Leser so gut schmecken, dass er auch den übrigen Text unbedingt weiter lesen möchte. Im ersten Satz muss der Verfasser also das Überraschendste, Witzigste und Griffigste aufbieten, was er – um im Bild zu bleiben – in seiner Pralinenschachtel hat. Er muss sich die Aufmerksamkeit des Lesers verdienen. Wie diese Praline auszusehen und noch wichtiger, wie sie zu schmecken hat, dafür gibt es kein Patentrezept. Auch hier kommt es darauf an, wem die Praline schmecken soll. Übersetzt bedeutet dies: Welcher erste Satz dem Leser schmeckt, ist je nach Textform und Anlass unterschiedlich. Bei einem persönlichen Brief, einer Rede oder einem Beitrag für eine Tageszeitung bietet es sich häufig an, unkonventionell oder mit etwas Unerwartetem einzusteigen. Die Initiative Deutsche Sprache und die Stiftung Lesen haben im Jahr 2007 in einem Wettbewerb den schönsten ersten Satz der Literatur gesucht. Um es gleich vorwegzunehmen: Gewonnen hat Günter Grass. Der erste Satz aus seinem Roman „Der Butt" lautet schlicht und einfach: *„Ilsebill salzte nach"*. Der Literaturliebhaber Lukas Mayrhofer aus Wien votierte für Grass und begründete sein Plädoyer so: „Ein Satz mit nur drei Wörtern? Auf Deutsch? Und spannungsverheißend? Keine leichte Aufgabe. Aber Günter Grass hat sie in meinen Augen bewältigt und mir persönlich mit dem Butt nicht nur eines meiner Lieblingsbücher, sondern auch einen genialen ersten Satz beschert. Ilsebill... komischer Name. Eine echte Ilsebill ist mir in meinem bisherigen Leben noch nie über den Weg gelaufen, aber da gibt es doch dieses Märchen vom Fischer und seiner Frau, eben jener Ilsebill. ‚Myne Frau, de Ilsebill, will nich so, as ik wol will.‘, (...) „Wird es Krieg geben? Oder doch nur einen zufriedenen Rülpser am Ende? Ich weiß es und bin Herrn Grass ewig dankbar dafür. Für einen ersten Satz, der in der Folge eine Weltgeschichte aufbaut – gespickt mit Historie und Fiktion, tollen Frauengestalten, Ironie en masse und viel viel Essen. Mahlzeit."

Sie sehen: Beim ersten Satz sind Phantasie und Kreativität gefragt. „Erstaune mich doch; ich warte": Mit diesen Worten fertigte der russische Ballett-Impresario Sergej Diaghilew den französischen Schriftsteller und Regisseur Jean Cocteau ab. „Erstaune mich doch; ich warte", das gilt auch für den guten Einstieg in Texte.

Beispiele für gelungene Einstiege:

Natürlich ist Rainer Brüderle kein Rundfunksender. Aber wenn er einer wäre, dann so einer wie Radio ffn aus der Trendhauptstadt Hannover: Da läuft immer der gleiche Mix: die Superhits der 80er und 90er Jahre und das Beste von heute. Genau das ist das Programm des Bundeswirtschaftsministers.[44]

Wie schmecken 250 Millionen Jahre? Scharf. Stechend. Prickelnd.[44]

Vor dem Haus meines Nachbarn steht die schwarze Lore. Das ist nicht des Nachbarn Gattin, sondern ein Schmuckstück, wie der Ruhri es liebt. Die Lore ist ein Eisenbahnwägelchen, in dem unter Tage die Kohle befördert wurde.[45]

Was er davon halte, Wirtschaftsethik zu studieren, wurde der Satiriker Karl Kraus einst von einem Studenten gefragt. Kraus' Antwort: „Da müssen Sie sich schon für das eine oder andere entscheiden." Ist es tatsächlich so, dass zwischen wirtschaftlich erfolgreichem und ethischem Handeln ein grundsätzlicher Zielkonflikt besteht?...[46]

---

44   Hitradio Berlin in: Stern 32/2010 vom 5.8.2010. S. 30.
45   Unterwelt im Salzstock in Stern 32/2010 vom 5.8.2010, S. 70.
46   Die Seele vom Revier in Stern 29/2010 vom 15.7.2010, S. 38.
47   Beispiel aus. Liesem/Franke 2009b: 13.

6.2 ... reichen sich die Hände

Der Schluss ist die Ziellinie, die Sie erreichen müssen. Oder lassen Sie es uns mit dem Redenberater Thilo von Trotta sagen: „Ein 400-Meter-Läufer mag 380 Meter lang Weltklasse gelaufen sein – wenn er nach 390 Metern erschöpft aufgibt oder zusammenbricht, kann er nicht Sieger werden."[48] Deshalb: Vernachlässigen Sie nicht das Ende eines Textes. Denn dieser entscheidet darüber, welchen Nachgeschmack ein Text beim Leser hinterlässt. Oder – um im Bild zu bleiben: Was nutzt die leckerste Praline, wenn sie einen bitteren Nachgeschmack hinterlässt? Ein guter Schluss ist eine große Chance, dass dem Leser der Text im Gedächtnis bleibt. Der Schluss bietet aber auch die Möglichkeit, noch einmal die Kernbotschaft zu wiederholen oder sie in einen größeren Zusammenhang zu stellen. Ein guter Schluss kann ebenso die Argumentation abrunden, indem er etwas Geistreiches hinzufügt, das nicht direkt zum Thema gehört, es aber überhöht oder sinnvoll erweitert. Hier ist – wie am Anfang – Phantasie gefragt.

Wenn die Phantasie einen im Stich lässt, hilft manchmal eine Technik weiter: der Ringschluss, frei nach dem schönen alten Merkvers: „Anfang und Ende reichen sich die Hände."

Beispiele:

Samuel Johnson, ein britischer Politiker und Gelehrter, sagte einmal: **„Sprache ist die Kleidung der Gedanken."** *Wer möchte schon schlecht angezogen sein? Kleider machen Leute – und Worte machen Argumente. Auch für uns ist Sprache ein wichtiges Werkzeug. (...). Das Sahnehäubchen erhält ein Text aber dadurch, dass wir dem Leser etwas bieten, womit er nicht gerechnet hätte. Hier helfen keine Regeln, sondern hier kommt die Kreativität ins Spiel. Und dafür gibt es kein Patentrezept, Kreativität und Phantasie sind eine ganz individuelle Angelegenheit – aber auch eine wiederkehrende Aufgabe, die nach immer neuen Lösungen verlangt (und gerade deshalb auch Spaß macht).* **Denn Sprache ist die Kleidung der Gedanken. Gut gekleidet zu sein, ist das eine. Aber wer will dabei schon immer gleich angezogen sein?**[49]

---

48 Reden-Berater, R 90/002.
49 Liesem/Franke 2010: 28.

Mit etwas so Unspektakulärem wie mit Bleistiften Karriere machen?
Das ist nichts für mich, denkt sich Anton Wolfgang Graf von Faber-Castell
als Abiturient Anfang der sechziger Jahre des vergangenen Jahrhunderts.
(...)Vor einigen Jahren war es das Design, das den Standort Deutschland
mit seinen 850 Mitarbeitern gerettet hat. „Grip" hieß der Kassenschlager,
ein dreieckiger Bleistift, der mit seinen seitlichen Noppen den Fingern ei-
nen besseren Griff verspricht. **Der Grip beweist, dass man mit so etwas**
Unspektakulärem wie Bleistiften Karriere machen kann. Aber der Graf
weiß das ja längst.[50]

---

50   Liesem 2006: C3.

7. Unterschiedliche Textarten – welcher Text gelingt wie?

7.1 Die Presseinformation – Botschaften pur

Presseinformationen sind wie Züge. Ihre Waggons transportieren die Botschaften aus den Pressestellen zur Öffentlichkeit. Bei allen, die für die Presse- und Öffentlichkeitsarbeit verantwortlich sind, sind sie deshalb sehr beliebt. Die Presseinformation ist das Instrument der Pressearbeit, das am häufigsten eingesetzt wird. Wer eine Presseinformation schreibt, hofft, dass die Medien diese aufgreifen und verbreiten. Deshalb gilt für diese Texte: Sie müssen verständlich sein. Wer mit Fachbegriffen und Fremdwörtern prahlen möchte, der soll sich dafür einen anderen Ort aussuchen. Wer den Amtsschimmel reiten möchte, der sollte das woanders tun. Wer Bandwürmer mag, der sollte Tatar essen. Und schließlich: Wer nichts zu sagen hat, der sollte den Mund halten. „Gedanken sind nicht stets parat – man schreibt auch, wenn man keine hat." Dieser Satz von Wilhelm Busch sollte über jedem Schreibtisch von professionellen Auftragstextern stehen. Alles, was wir zu Texten allgemein gesagt haben, gilt auch und besonders für Presseinformationen.

Was aber sind Presseinformationen? Nach Falkenberg (Falkenberg 2008: 10) sind das:

- schriftliche Mitteilungen an die Presse,
- die so geschrieben sind, dass sie ohne Änderung veröffentlicht werden können,
- ein Informationsangebot an die Redaktion darstellen, die über Änderungen und Abdruck frei entscheidet,
- aus medienrelevantem Anlass über einen Sachverhalt, ein Ereignis oder eine Einschätzung mittels Fakten oder Meinungen informieren,

Klar ist: Jeder Text, jede Presseinformation konkurriert mit einer Flut anderer Informationen. Das ist das „Gesetz des Nachrichtengeschäfts". Um die Aufmerksamkeit eines Journalisten zu erheischen, muss sich eine Information von anderen Informationen abheben. Sie muss eine Nachricht enthalten. Was aber ist eine Nachricht, die es dem Journalisten wert ist, diese abzudrucken? Oder anders ausgedrückt: Was macht eine Information zu einer Nachricht?

7.1.1 When a dog bites a man… – die Nachricht

„When a dog bites a man, that's not news, but when a man bites a dog, that's news." Wenn ein Hund einen Menschen beißt, ist das keine Neuigkeit, aber wenn ein Mann einen Hund beißt, ist das eine Neuigkeit. Das soll John B. Bogart, Lokalredakteur der amerikanischen Zeitung *Sun* schon im Jahr 1880 gesagt haben. Mittlerweile ist dieser Satz als „Man-bites-dog-Formel" bekannt. Amerikanische Journalistenschulen vermitteln ihren Schülern damit, was eine Nachricht ist (von La Roche 2001: 64). Eine Nachricht ist also nicht das Alltägliche. Dass Hunde Menschen beißen, kommt relativ oft vor. Dass der Mann einen Hund beißt, ist nicht so alltäglich. Deshalb ist es eine Nachricht. „News is what's different", sagen die Amerikaner.

7.1.2 Aktuell, neu, interessant und von persönlichem Belang – die Nachrichtendefinition der BBC

Noch etwas griffiger ist die Nachrichtendefinition der BBC. Vier Elemente kennzeichnen danach eine Nachricht. Die Nachricht muss

- aktuell,
- neu,
- interessant und
- von persönlichem Belang sein.

Um einer Nachricht auf die Spur zu kommen, kann der Schreiber diese Nachrichtendefinition der BBC auch umdrehen und so quasi nach dem Ausschlussprinzip vorgehen. Eine Information ist dann keine Nachricht, wenn sie weder aktuell noch neu noch interessant ist und auch der persönliche Belang fehlt.

7.1.2.1 Was ist aktuell?

Welche Informationen sind aktuell? Aktuell sind Ereignisse,

- die vor Kurzem passiert sind oder gerade passieren und
- für die Öffentlichkeit von Interesse sind oder

- unmittelbare Bedeutung für die Gegenwart haben.

Beispiele:

Wenn gestern ein Einbruch stattfand, dann ist dieser heute aktuell. Nicht mehr aktuell ist er, wenn er schon vier Wochen zurückliegt.

Die Vorstandspressekonferenz, die heute stattfindet, ist aktuell.

Daneben können auch Ereignisse aktuell sein, die schon länger zurückliegen. Immer dann nämlich, wenn sie einen Bezug zur Gegenwart haben.

Beispiele:

Unternehmen, die schon lange vom Markt verschwunden sind, wenn in einem neuen Insolvenzfall Parallelen zu ihrem Fall auftauchen.

Einbrüche, die mehrere Wochen oder Monate zurückliegen, wenn sich Einbrüche in der Gegend häufen und von einer Serie gesprochen werden kann.

7.1.2.2 Was ist neu?

Was gibt es Neues? Dies fragen sich Redakteure schon von Berufs wegen jeden Tag. Eine Information hat deshalb nur dann das Zeug zur Nachricht, wenn sie neu ist. Wer als Unternehmen oder Politiker immer wieder dieselben Botschaften hinausbläst, hat seine Chance auf Medienaufmerksamkeit verspielt. Wenn der Oppositionspolitiker aus Hintertupfing zum 20. Mal die Unfähigkeit des Bürgermeisters anprangert, dann ist das nichts Neues. Das ist sein politisches Tagesgeschäft. Die Medien werden es in der Regel nicht aufgreifen. Denn es ist altbekannt und lockt niemanden mehr hinter dem Ofen hervor.

Was aber ist neu? Eine pauschale Antwort auf diese Frage gibt es nicht. Denn es kommt auf das Medium an. Für Tageszeitungen ist all das Schnee von gestern, was mehr als einen Tag zurückliegt. Wenn Sie also eine Pressekonferenz veranstalten, dann wird in der Regel am nächsten Tag darüber berichtet. Eine Tageszeitung wird eine Information von vorgestern nicht mehr ins Blatt heben. Bei stündlichen Nachrichtensendungen im Radio oder Fernsehen ist die Zeitspanne noch geringer. Da kann eine Information schon im Laufe eines Tages ihren Neuigkeitswert verlieren. Mehr Zeit lassen Wochen- und

Monatsmagazine. Sie können über Ereignisse berichten, die seit ihrem letzten Erscheinen passiert sind. Die Sendehäufigkeit entscheidet also darüber, wann eine Nachricht neu ist und wann sie veraltet. Eine wichtige Rolle spielt daneben auch die Art des Mediums. Es gibt nämlich durchaus Informationen, die einem Fachpublikum bekannt, für die breite Öffentlichkeit jedoch neu sind.

Nach dem Skiunfall des ehemaligen thüringischen Ministerpräsidenten Dieter Althaus gab es Studien darüber, wie Skihelme zur Sicherheit beitragen können. Diese Informationen waren sicher für die meisten Leser von Regional- und Tageszeitungen neu. Für das Fachpublikum waren diese Studien möglicherweise schon ein alter Hut.

Wer Presse- und Öffentlichkeitsarbeit macht, der weiß: Manchmal kommt man nicht umhin, Altbekanntes als neu zu verkaufen. Dann kommt es darauf an, wie man diese Herausforderung angeht. Oft lassen sich aktuelle Anknüpfungspunkte finden, die dem alten Thema einen neuen „Dreh" geben.

Ab und zu gelingt es auch, den Medien alte Hüte anzudrehen. Wenn sich der Redakteur jedoch mit Ihrer Materie gut auskennt, dann wird er den Braten wahrscheinlich riechen. Sie werden mit Ihrem Trick „aus alt mach neu" nicht durchkommen. Deshalb wird schon Journalistenschülern eingebläut: *Kriterien wie Aktualität und Neuigkeit sind nur mit großem Wissen zu beurteilen. Wer die öffentliche Diskussion nicht verfolgt, kann nicht beurteilen, ob eine Information zu dieser Diskussion gehört. Wer keine Nachrichten verfolgt, kann nicht beurteilen, was neu ist* (Wolff 2006: 16). Denn es ist der Journalist, der darüber entscheidet, ob eine Information neu ist.

7.1.2.3 Was ist interessant?

Was interessant ist, hängt stark von der Zielgruppe und dem Medium ab. Die Erfindung eines neuen Stillkissens interessiert womöglich junge Mütter. Rentner wahrscheinlich eher weniger. Die neue Angelrute interessiert den Angler. Dem passionierten Reiter ist sie herzlich egal.

Der Leser der *Neuen Juristen Wochenschrift* (*NJW*) brennt nicht darauf, Details aus dem Liebesleben von Jörg Kachelmann zu erfahren. *BUNTE*-Leser(innen) erwarten solche Informationen. Für Leser der *NJW* könnte aber interessant sein, ob abgedruckte Bilder von Kachelmanns Geliebten deren Persönlichkeitsrechte verletzen.

Interessant ist also, was für die Zielgruppe wichtig ist. Wichtig für die Leser von Qualitätsmedien sind die nationale und internationale Politik, große Unternehmen und die Märkte. Interessant sind auch Prominente oder Persönlichkeiten, die ein wichtiges Amt bekleiden. Denn ihr Handeln hat unmittelbare Konsequenzen. Deshalb berichten die Medien auch wesentlich öfter über die Kanzlerin Angela Merkel als über Bodo Kränicke aus Kirchweyhe. Nicht unterschätzen sollte der Autor die emotionalen Faktoren einer Information. Menschen werden zu Nachrichten, wenn sie mit ihrem Handeln Aufsehen erregen oder sie prominent sind. Davon leben ganze Fernsehsendungen wie zum Beispiel das „Dschungelcamp". Carl Warren stellte schon im Jahr 1934 einen Katalog von Faktoren auf, die für Leser interessant sind. Diese Charakteristika gelten sicher stärker für Boulevard-Medien als für die Qualitätsmedien:

- Prominenz
- Nähe
- Gefühl
- Sex
- Fortschritt
- Folgenschwere
- Konflikt
- Kampf
- Dramatik
- Kuriosität.

7.1.2.4 Was ist von persönlichem Belang?

Von persönlichem Belang sind Informationen, die auf die Zielgruppe zugeschnitten sind. Zum Beispiel: Die Bundesregierung veröffentlicht eine Presseinformation zum neuen Konjunkturprogramm. Dann ist für eine Familie mit zwei Kindern von persönlichem Belang, wie viel Geld sie durch das neue Konjunkturprogramm sparen kann. Von persönlichem Belang sind also Informationen, die für den Leser einen unmittelbaren Nutzen haben. Allseits beliebte Themen sind: Geldanlage, Gesundheit, Studium, Gesundheit, Ernährung, Reise, Bauen und Körperpflege.

Oft ist ein Ereignis auch dann von persönlichem Belang, wenn es im eigenen Ort stattfindet. Ein Überfall auf eine Bank in Aschaffenburg interessiert die Aschaffenburger und die Menschen aus der Umgebung. Für Berliner ist der

Banküberfall nicht von persönlichem Belang. Denn Aschaffenburg ist 600 Kilometer weit von ihnen entfernt. Wer die Preisträger eines Schülerwettbewerbes sind, wird vor allem bei den Medien aus den Regionen Resonanz finden, aus denen die Sieger kommen.

Sie sehen also: Wenn Sie eine Presseinformation schreiben, sollten Sie zunächst in die Haut Ihrer Zielgruppe schlüpfen und sich fragen: Welche meiner Botschaften ist für sie eine Nachricht? Entscheidend für Unternehmen, Verbände und Politiker ist es, aus den eigenen Themen die Botschaften herauszufiltern, die die Zielgruppe interessieren. Das ist nicht immer leicht. Wer das aber tut, der erhöht deutlich seine Chancen, in der Öffentlichkeit wahrgenommen zu werden.

7.1.3 Wer, was, wann, wo? – der Aufbau einer Presseinformation

Das Ziel jedes Öffentlichkeitsarbeiters ist es, dass der Redakteur seine Presseinformation ohne große Änderungen in seiner Zeitung oder Zeitschrift abdruckt. Die Presseinformation ist also – im besten Fall – das Pendant der PR zur Meldung oder dem Bericht im Journalismus. Deshalb muss sich der Aufbau einer Presseinformation am Aufbau eines Berichts oder einer Meldung orientieren. Der Inhalt einer Meldung ist die Nachricht. Journalisten lernen, dass eine Meldung oder ein Bericht folgende sieben W-Fragen beantworten muss.

- Wer?
- Was?
- Wann?
- Wo?
- Wie?
- Warum?
- Woher?

Auf dieselben Fragen muss auch eine gute Presseinformation Antworten geben. Dabei können Sie nach folgendem Schema vorgehen: Das Wichtigste zuerst und alles so kurz wie möglich. Kennen Sie den Küchenzuruf? Nein? Diesen Begriff hat Henri Nannen geprägt, der ehemalige Chefredakteur der Zeitschrift *stern*. Dahinter verbirgt sich, leicht abgewandelt, folgende Geschichte: Bodo kommt von der Arbeit nach Hause. Sofort greift er zur Zeitung und beginnt zu lesen. Seine Frau Elfriede steht in der Küche und bereitet das Abendessen zu. Nach der Lektüre des ersten Artikels ruft Bodo ihr durch die offene Küchentür zu: „Stell Dir vor, die Schweinegrippe breitet sich jetzt auch in Deutschland aus. Aber die Experten sagen, es besteht kein Grund zur Panik." Diese zwei Sätze sind der so genannte Küchenzuruf. Sie enthalten das Wichtigste, die zentrale Botschaft des Artikels. Und: Sie sind kurz und verständlich formuliert. Meist nach dem Schema: Subjekt – Prädikat – Objekt. Natürlich war Bodos Artikel viel länger und beinhaltete viel mehr Informationen. Aber diese beiden Sätze enthalten die Kernbotschaften. Alle weiteren Informationen des Zeitungsartikels sind dem Küchenzuruf untergeordnet und arbeiten ihm zu.

Beispiel:

Unbekannte Täter haben in der Nacht zum Sonntag gegen 1.30 Uhr ein Laptop aus einer Wohnung in der Müllerstraße 25 in Potsdam entwendet.

Damit sind die Fragen Wer?, Was?, Wann? und Wo? beantwortet. Wenn der Sachverhalt komplexer ist, kann aus einem Satz auch ein Absatz werden. Diesen ersten Satz nennen Journalisten *Lead*. Wichtig ist dabei, dass das Wichtigste am Anfang steht. Unter Journalisten hat sich eingebürgert, dass der erste Satz einer Meldung oder eines Berichts im Präsens oder Perfekt steht. Die Redakteure verwenden dann das Präsens, wenn das Berichtete zum Zeitpunkt des Lesens noch im Fluss ist.

Beispiel für das Lead:

Das Münchner Oktoberfest besuchen in diesem Jahr sogar Gäste aus Papua-Neuginea.

Wenn das Geschehen abgeschlossen ist, aber noch Gegenwartsbezug hat, steht der erste Satz im Perfekt.

Beispiel:

Unbekannte Täter haben in der Nacht zum Sonntag gegen 1.30 Uhr ein Laptop aus einer Wohnung in der Müllerstraße 25 in Potsdam entwendet.

Ab dem zweiten Satz schwenkt die Meldung in das erzählende Präteritum ein. Der zweite Satz (oder zweite Absatz) ist dann dazu da, dem Autor Einzelheiten und Hintergründe mitzuteilen. Journalisten bezeichnen ihn als *Detailsatz.*

Beispiel:

Die Täter hatten die Wohnungstür mit einer Axt aufgebrochen.

Damit beantwortet der Autor die Frage nach dem Wie.

Im dritten Satz (oder Absatz) folgen Hinweise zu Zusammenhängen, zur Vorgeschichte und/oder eine Analyse des Geschehens. Der Autor beantwortet die Frage: Warum? Wie ist das einzuordnen? Journalisten nennen diesen Satz *Hintergrundsatz.*

Beispiel:

Das war der fünfte Einbruch in der Müllerstraße innerhalb von vier Wochen.

Zugegeben, das ist eine sehr kurze Presseinformation. Eine solche könnte einer Agenturmeldung zugrunde liegen. Denn Agenturmeldungen sind kurz. Vielleicht kennen Sie die Polizeimeldungen in Zeitungen. Diese haben auch oft eine solche Länge.

Wer mehr Platz hat, der kann in weiteren Sätzen (oder Absätzen) auf die Konsequenzen des Ereignisses eingehen oder nach weiterer Entwicklung fragen. Wer Hintergründe und Ursachen des Geschehens liefern möchte, der greife zum Plusquamperfekt. Wie es weitergeht, steht in der Regel im Futur.

Beispiel:

Um der Einbruchsserie auf den Grund zu gehen, wird die Polizei eine Sonderermittlungsgruppe einsetzen.

Hier die komplette Pressemitteilung:

Polizeidienststelle Potsdam-West
Klabauterstr. 5
12345 Potsdam

Potsdam – Unbekannte Täter haben in der Nacht zum Sonntag gegen 1.30
Uhr ein Laptop aus einer Wohnung in der Müllerstraße 25 in Potsdam ent-
wendet. Die Täter hatten die Wohnungstür mit einer Axt aufgebrochen. Das
war der fünfte Einbruch in der Müllerstraße innerhalb von vier Wochen.
Um der Einbruchsserie auf den Grund zu gehen, wird die Polizei eine Son-
derermittlungsgruppe einsetzen.

Dies ist eine kurze Pressemitteilung. In vielen Pressemitteilungen werden Sie
Zitate finden. Zitate sind Stilmittel, die Texte dynamischer und individueller
machen. Wenn neue Fakten bewertet und eingeordnet werden sollen, dann bieten sich Zitate an. Wörtlich zitiert werden auch Schlüsselaussagen, persönliche Meinungen, Argumente und Begründungen. Auch besonders griffige und
bildhafte Aussagen eignen sich für Zitate. Hier ein fiktives Zitat, das der Poli-
zeipräsident von Potsdam hätte sagen können.

„Sicherheit darf kein Privileg der Reichen sein."

Um nicht ein Zitat an das nächste zu reihen, kann der Autor von Pressemitteilungen auch zwischen direkten und indirekten Zitaten wechseln. Indirekte
Zitate bieten sich dann besonders an, wenn der Zitatgeber etwas nicht wort-
wörtlich, sondern nur sinngemäß gesagt hat. Sie werden im Deutschen in in-
direkter Rede wiedergegeben.

Sicherheit dürfe kein Privileg der Reichen sein.

Hier sehen Sie ein Beispiel für eine dpa-Meldung, die nach diesem Schema aufgebaut ist.

Beispiel:

Kunstmuseum in Stuttgart mit Besucheransturm eröffnet

Stuttgart (dpa) – Das neue Kunstmuseum in der Ludwigstraße hat zur Publikumseröffnung am heutigen Samstag einen Besucheransturm erlebt. In den ersten zwei Stunden seien mehr als 1.700 Menschen in den Neubau geströmt, sagte die Sprecherin des Museums. Vor dem Gebäude bildete sich eine lange Schlange. In dem 67 Millionen teuren gläsernen Würfel werden Werke der klassischen Moderne und der zeitgenössischen Kunst präsentiert werden.

Erster Satz: Lead

Wer? Kunstmuseum Stuttgart
Was? Besucheransturm erlebt
Wann? Am heutigen Samstag
Wo? Stuttgart, Ludwigstraße

Zweiter Satz: Detailsatz

Woher? Sagte eine Sprecherin des Museums
Wie? 1.7000 Menschen sind in Neubau geströmt

Dritter Satz: Hintergrundsatz

Warum? In dem 67 Millionen teuren gläsernen Würfel werden Werke der klassischen Moderne und der zeitgenössischen Kunst präsentiert werden.

7.1.4 Das Auge isst mit – die äußere Form der Pressemitteilung

Die meisten Redakteure stehen unter sehr großem Zeitdruck. Deshalb sind sie daran interessiert, dass sie Pressemitteilungen eins zu eins übernehmen können. Ein Unternehmenstext hat die besten Chancen, gedruckt zu werden, wenn er so geschrieben ist, dass die Redaktion ihn direkt übernehmen kann.

Ganz wichtig dabei ist die äußere Form. In angelsächsischen Ländern beeindrucken Hochglanzmaterialien nicht besonders, in Frankreich ist auch die einfachste PR-Kampagne nicht komplett ohne ein schön produziertes Dossier, während die Länder der ehemaligen Sowjetunion viel Textmaterial bevorzugen. Für deutsche Medien zählt dagegen „nicht das Hochglanzpapier mit Logo nach allen Erkenntnissen von Corporate Design oder das blumenreich formulierte Anschreiben", sondern die Form, mit der die Redaktion sofort weiterarbeiten kann (Lindner 2001: 46). Deshalb ist es wichtig, auf die äußere Form zu achten. Hier eine Checkliste zu wichtigen Punkten, die Sie bei Pressemitteilungen beachten sollten: Eine Presseinformation sollte auch als solche überschrieben sein.

- Wenn Sie ihre Presseinformation mit der Post verschicken, dann achten Sie darauf, dass Sie das Papier nur *einseitig beschreiben*. Wenn Sie Papier sparen wollen, dann überlegen Sie sich lieber, ob eine Presseinformation wirklich sein muss. Wenn Sie davon aber überzeugt sind, dann sollten Sie die Papierkosten nicht scheuen. Denn Texte auf der Rückseite werden leicht und gerne übersehen.

- Journalisten müssen jeden Tag sehr viele Informationen in sehr kurzer Zeit lesen. Deshalb machen Sie es Ihnen einfach. Wählen Sie eine gut lesbare Schrift wie Arial oder Times New Roman in einer Größe zwischen 10 und 12 Punkt. Verzichten Sie auf Fettungen und Unterstreichungen. Solche gibt es auch in Zeitungsartikel nicht.

- Gestalten Sie Ihre Presseinformation kurz und übersichtlich. Im Normalfall sollte sie nicht länger als eine Seite sein. Machen Sie Absätze. Bleiwüsten verärgern den Journalisten, der die Presseinformation lesen muss.

- Der Redakteur muss den *Absender* der Presseinformation auf den ersten Blick erkennen können. Das Logo des Unternehmens, der Name des Unternehmens, Ansprechpartner mit Namen, Adresse, Telefon- und Faxnummer sollten oben rechts zu finden sein.

- Das *Datum* muss auf jeder Presseinformation stehen. Wenn Sie ein Anschreiben mitschicken, dann muss auch auf diesem das Datum vermerkt sein. Schreiben Sie auf Ihre Presseinformation das Datum des Tages, an dem sie diese versenden. Wann Sie den Text verfasst haben, interessiert niemanden in der Redaktion. Wann der Text erscheint, wissen Sie nicht. Darüber können Sie allenfalls spekulieren. Deshalb bringt es nichts, das Datum der erhofften Veröffentlichung auf die Presseinformation zu schreiben.

- Sperrfristen sollten Sie deutlich angeben.
- Bieten Sie dem Journalisten zwei Versionen einer Pressemitteilung an. Eine kurze Fassung und eine lange mit mehr Details. Journalisten empfinden dies als Service, zumal sie meist wenig Zeit und oft auch wenig Platz zur Verfügung haben. Zusätzlich erleichtern Sie dem Journalisten die Arbeit, wenn Sie die Länge der Pressemitteilung in Zeichen/Worten angeben und die Zeilen nummerieren.
- Verfassen Sie die Pressemitteilung so, dass diese mit relativ wenig Aufwand abdruckbar ist. Reichern Sie die Pressemitteilung also mit direkten und indirekten Zitaten an. Das erhöht die Chance, dass der Redakteur sie mitnimmt.
- Der Journalist sollte auf einen Blick erkennen können, wer sein Ansprechpartner für weitere Informationen ist. Meist ist dies ein Mitarbeiter der Pressestelle. Dessen Namen, Telefonnummer, E-Mail-Adresse sollte der Journalist auf der Presseinformation finden können. Ganz wichtig: Dieser Ansprechpartner muss auch ansprechbar sein, wenn die Presseinformation aktuell ist. Es nutzt dem Redakteur nichts, einen Ansprechpartner zu haben, der im Urlaub ist, wenn er Informationen von ihm braucht. Mittlerweile ist Standard, dass der Pressesprecher mit Bild und seinen Koordinaten auf der Unternehmenshomepage zu finden ist.
- Viele Presseinformationen fügen am Ende des Textes unter der Rubrik „Über das Unternehmen" noch ein Kurzporträt über das Unternehmen an. Darin können Informationen über das Unternehmen stehen. Was produziert es? Welche Dienstleistung bietet es an? Im Kurzporträt können auch die Gesellschaftsform und der Firmensitz enthalten sein. Wann ist das Unternehmen wo und von wem gegründet worden? Wenn Sie Pressemitteilungen für Vereine und Verbände schreiben, können Sie auch deren Ziele und Leitbilder nennen.
- Vermeiden Sie Telefonterror! Natürlich können Sie nach dem Versand der Pressemitteilung anrufen und nachfragen, ob sie angekommen ist. Wenn Sie den Journalisten aber dreimal täglich anrufen und fragen, wann die Pressemitteilung im Blatt erscheint, dann landet die Pressemitteilung in vielen Fällen ganz schnell im Papierkorb.

Unter Journalisten ist es üblich, Zahlen bis zwölf stets ausschreiben. Erst ab der Zahl 13 wird in Ziffern geschrieben. Machen Sie es genauso. Das erleichtert dem Journalisten die Arbeit. Ausnahmen sind: Datum, Uhrzeiten, Haus- und Telefonnummern, Preise sowie Bankverbindungen.

Das Auge isst mit. Wenn es der Platz und das Thema zulassen, gewinnt eine Presseinformation durch Grafiken, Tabellen oder Diagramme. Das Ganze muss aber übersichtlich sein.

Auch Abkürzungen sollten Sie in Presseinformationen vermeiden. Wer *IAEA* liest, der stutzt erst einmal. Dann sucht er den Text nach Erklärungen für diese Abkürzung ab. Bis er diese gefunden hat bzw. herausgefunden hat, dass diese Abkürzung für *Internationale Atomenergiebehörde* steht, hat er das Gelesene schon wieder vergessen. Wenn der Begriff *Internationale Atomenergiebehörde* im Text immer wieder vorkommt, dann funktioniert folgender Trick: Schreiben Sie die *Internationale Atomenergiebehörde* aus, wenn diese zum ersten Mal auftaucht. Fügen Sie in Klammern aber gleich dahinter die Abkürzung hinzu. Taucht der Begriff *Internationale Atomenergiebehörde* dann wieder im Text auf, dann können Sie auf die Abkürzung zurückgreifen. Erscheint das Wort aber nur ein- oder zweimal in einem langen Text, dann sollten Sie auf die Abkürzungen verzichten.

Genauso ist es mit Namen. Es ist zwar anzunehmen, dass jeder den Namen der Bundeskanzlerin kennt. Aber schon bei Landesministern wird es schwierig. Noch schwieriger wird es bei Firmenchefs. Auch wenn Sie den Ihren kennen, dann glauben Sie ja nicht, dies täte jeder. Deshalb sollten Sie Namen in Pressemitteilungen nie ohne Funktion verwenden. Vermeiden Sie nach Möglichkeit auch englische Funktionsbezeichnungen wie zum Beispiel *Managing Director*. Denn dann muss der Journalist über eine adäquate Übersetzung grübeln.

Beispiele:

Christine Haderthauer, Arbeits- und Sozialministerin in Bayern.

Martin Blessing, Sprecher des Vorstandes der Commerzbank.

Im Journalismus hat es sich eingebürgert, dass Titel wie Dr. oder Professor nicht genannt werden. Deshalb dürfen Sie auf solche Titel in Ihren Pressemitteilungen ebenfalls getrost verzichten. Wenn Sie die Zeitungen und Zeitschriften durchblättern, werden Sie sehen: Auch Journalisten müssen ihre Titel weglassen. Wenn man sich geschickt anstellt, kann man jedoch trotzdem einen Professorentitel in die Pressemitteilung hineinschmuggeln.

Beispiel:

Heinrich Oberreuter, Professor für Politikwissenschaften an der Universität Passau.

7.1.5 Die Überschrift – der Köder

Natürlich braucht Ihre Pressemitteilung auch eine Überschrift. Die Überschrift muss zum Lesen einladen. Sie sollte kraftvoll sein und eine Botschaft zuspitzen. Sie erinnern sich sicher noch an die Überschrift der BILD-Zeitung, als der deutsche Kardinal Joseph Ratzinger zum Papst gewählt wurde. Damals titelte die BILD: „Wir sind Papst". Diese Überschrift ist mittlerweile als stehender Begriff in die deutsche Sprache eingegangen. Auch die Überschrift der taz zur Papstwahl war originell: Sie brachte eine schwarze Titelseite. Auf dieser stand in kleinen weißen Lettern: „Oh mein Gott". Überlegen Sie sich eine Überschrift, die zum Thema passt. Seien Sie aber auch nicht traurig, wenn diese nicht gedruckt wird. Denn oft entwerfen die Redakteure eine eigene Überschrift.

Die Überschrift ist immer auch ein Köder. Etwas aus dem Text, was besonders originell, interessant oder neu ist. Denn der Leser scannt Überschriften. Danach entscheidet er, ob er einen Text liest oder nicht. Ist schon der Titel langweilig, dann wird er wenig Lust haben, weiter zu lesen. Außerdem soll die Überschrift in Kurzfassung wiedergeben, was den Leser erwartet. Deshalb muss eine gute Überschrift zwei Funktionen erfüllen: Zum einen muss sie den Inhalt in Kurzform präsentieren, zum anderen muss sie das Gegenüber zum Weiterlesen animieren. Sie muss interessant klingen und zum Lesen des Textes einladen – auch wenn der Text noch so trocken ist. Hier begibt sich der Schreiber auf eine Gratwanderung. Die Überschrift sollte zwar ein Köder sein. Trotzdem muss sie vom Inhalt des Textes gedeckt sein. Schauen Sie sich Überschriften in Zeitungen oder Zeitschriften an, so fällt Folgendes auf: Oft sind sie in einem gemäßigten Telegrammstil verfasst.

Beispiele:

Merkel: Hartz-IV-Erhöhung reicht aus
(Der Tagesspiegel vom 28. September 2010, S. 1)

Schlapphüte mit Pressestelle
(Der Tagesspiegel vom 28. September 2010, S. 4)

Körperscanner ohne Körper
(Der Tagesspiegel vom 28. September 2010, S. 16).

Charakteristisch für Überschriften ist auch, dass ihnen oft Verben oder Artikel fehlen.

Beispiele:

Nicht Rottweiler, nicht Opa
(Rheinischer Merkur vom 23. September 2010, Nr. 38, S. 1)

Bibis Kraft zum Wandel
(Rheinischer Merkur vom 23. September 2010, Nr. 38, S. 2)

Millionen für Staatsbanker
(Frankfurter Allgemeine Sonntagszeitung vom 26. September 2010, Nr. 38, S. 1)

Wenn Sie in einer Überschrift Verben verwenden, dann – wenn möglich – im Präsens. Denn für die Formen des Futurs und des Perfekts braucht man noch Hilfsverben. Das macht die Überschrift länger.

Beispiele:

Parteien streiten über die soziale Stütze
(Frankfurter Allgemeine Sonntagszeitung vom 26. September 2010, Nr. 38, S. 1)

Der Meister bangt um seinen Spielplatz
(Frankfurter Allgemeine Sonntagszeitung vom 26. September 2010, Nr. 38, S. 23)

Ein deutscher Banker schockt halb Italien
(Frankfurter Allgemeine Sonntagszeitung vom 26. September 2010, Nr. 38, S. 45)

Worte öffnen Brieftaschen
(Frankfurter Allgemeine Sonntagszeitung vom 26. September 2010, Nr. 38, S. 36)

In Überschriften stehen Personennamen oft für Parteien oder Staaten.

Beispiele:

Merkel und Seehofer verteidigen minimale Hartz-IV-Erhöhung
(Reuters vom 27. September 2010)

Sarkozy empfängt Netanjahu und Abbas
(RP Online vom 27. September 2010)

Obamas Fehler in Nahost
(Frankfurter Neue Presse vom 27. September 2010)

Wer sich Überschriften in Zeitungen und Zeitschriften genauer ansieht, wird bemerken: In der Regel enden diese nicht mit einem Punkt am Satzende. Dies gilt auch dann, wenn es sich – genau genommen – grammatikalisch um einen Satz handelt. Auch Fragezeichen in der Überschrift sind in den meisten Redaktionen verpönt mit der Begründung: Fragen haben die Leser – uns bezahlen sie für die Antworten. Weil dies so ist, sollten Sie Fragezeichen in Ihren Pressemitteilungen lieber vermeiden.

Bei Journalisten beliebt sind Zitate für die Überschriften. Diese stehen dann häufig ohne Anführungszeichen. Wer der Zitatgeber ist, erfährt der Leser nach dem Doppelpunkt.

Beispiele:

Merkel: Hartz-IV-Erhöhung reicht aus
(Der Tagesspiegel vom 28. September 2010, S. 1)

Gauck: Von Migranten mehr fordern
(Frankfurter Allgemeine Sonntagszeitung vom 3. Oktober 2010, Nr. 39, S. 1)

In den meisten Redaktionen besteht der Titel aus einer Schlagzeile und einer Unterzeile. Die Schlagzeile hat das Ziel, zum Lesen zu animieren. Deshalb ist sie oft verblüffend, originell oder aktuell. Der Unterzeile kommt die Aufgabe zu, das Thema des Beitrags näher zu erläutern.

Beispiele:

Im Polo für die CDU
Die Wolfsburg-Affäre weitet sich aus
(Frankfurter Allgemeine Sonntagszeitung vom 26. September 2010, Nr. 38, S. 6)

Russische Akkorde mit lettischer Begleitung
In Riga haben die Letten einen großen politischen Sprung gewagt: Im Stadt-rat regieren sie gemeinsam mit den einst verhassten Russen
(Frankfurter Allgemeine Sonntagszeitung vom 26. September 2010, Nr. 38, S. 10)

Der heilige Vater von Aulhausen
Der frühere Limburger Bischof Franz Kamphaus lebt mit Behinderten. Er lernt noch, jeden Tag.
(Frankfurter Allgemeine Sonntagszeitung vom 26. September 2010, Nr. 38, S. 12)

Wie ist das Verhältnis zwischen der Schlagzeile und der Unterzeile? Der Schrei-ber sollte vermeiden, in der Schlagzeile dasselbe Wort zu benutzen wie in der Unterzeile. Inhaltlich ist die Unterzeile eher dazu da, die Hauptzeile näher zu erläutern oder in einen Zusammenhang zu stellen. Wenn Sie die Zeitung auf-schlagen, werden Sie sehen: Die Hauptzeile ist meist wesentlich kürzer als die Unterzeile. Sie können sich als Faustregel merken: Für die Schlagzeile rund 40 Anschläge und für die Unterzeile 80 Anschläge. Wolf Schneider empfiehlt: Mit Überschriften nur Zweidrittel des gebotenen Raums füllen. Es gilt die „schöp-ferische Kraft des Weiß".

7.2 Der Gastbeitrag – die Chance, zuzuspitzen

Vielleicht kommen Sie ja auch ab und zu in die Verlegenheit, für Ihren Chef einen Artikel schreiben zu müssen, der dann als Gastbeitrag in einer Zeitung oder Zeitschrift erscheint. Gastbeiträge können für alle Beteiligten Vorteile bringen: Die Redaktion erhält einen Text eines prominenten Autors, für den sie in der Regel nichts zahlen muss. Und der Autor bekommt die Möglichkeit, seine Botschaften und Argrumente einer breiten Öffentlichkeit bekannt zu machen. Das ist eine große Chance für den Autor. Deshalb sollte besonders der Gastbeitrag gut durchdacht sein.

7.2.1 Der Einstieg – Treffer oder erster Anstoß zum Ausstieg

Die Überschrift kann noch so gut und der Autor noch so prominent sein: Wenn der erste Satz langweilig ist, ist dies schon der erste Grund für den Leser, den Beitrag nicht zu Ende zu lesen. Also muss unbedingt schon der Einstieg ein Treffer sein.

Beispiele:

Ein Außenseiter ist zum Symbol dieses Wahlkampfs geworden: das schwarze Schaf.
(Gastkommentar von Miriam Meckel, St. Galler Tagblatt vom 10. Oktober 2007, S. 2)

Die Autorin dieses Artikels heißt N.N. Leider kann ich meinen Namen nicht preisgeben, denn ich werde gesucht, ach, was sage ich: gejagt!
(Gastbeitrag von Susanne Fengler, taz vom 8. März 2005.)

7.2.2 Argumente aufbauen, Botschaften herleiten und zuspitzen

Der Leser eines Gastbeitrags erwartet, dass der Autor Stellung bezieht. Der Autor muss Argumente liefern, Botschaften herleiten und sie – wo immer das möglich ist – zuspitzen.

Beispiel:

Ich bin die RICHTIGE Beute!

Von der Gnade der späten Geburt oder Warum ich bisher 0,0 Kinder zur Sicherung des Standorts Deutschlands beigetragen habe

Die Autorin dieses Artikels heißt N.N. Leider kann ich meinen Namen nicht preisgeben, denn ich werde gesucht, ach, was sage ich: gejagt! Von der deutschen Wirtschaft. Den deutschen Sozialkassen. Den deutschen Parteien. Renate Schmidt im Besonderen. Aber auch von Frank Schirrmacher, der gegen den demografischen Untergang des Abendlands kämpft.

Ich werde verfolgt, weil ich DIE RICHTIGE bin. Das größte Problem, das Deutschland derzeit hat, ist schließlich, dass nur DIE FALSCHEN noch Kinder bekommen. Hat der Jungliberale Daniel Bahr vor einiger Zeit mal gesagt. Und damit „die sozial Schwachen in diesem Land" gemeint.

Damit aus dem „Methusalem-Komplott" nicht auch noch eine Verschwörung der Armen wird, müssen endlich wir Akademikerinnen im gebärfähigen Alter ran. Die anderen Parteien sagen es nicht ganz so deutlich. Meinen aber das gleiche, wenn sie höflich auf die Statistiken verweisen, die belegen, dass 40 Prozent der deutschen Frauen mit Hochschulabschluss kinderlos bleiben, während in Frankreich und Schweden – nun, den Rest kennen Sie ja.

Ich fühle mich als Buhmann der Nation. (...). In der Frankfurter Allgemeinen rechnet mir der Bevölkerungswissenschaftler Herwig Birg Tag für Tag vor, dass die Deutschen spätestens im Jahr 2090 ausgestorben sein werden, wenn ich nicht bald etwas unternehme. Die Zeit plädiert für einen Paradigmenwechsel im Biologieunterricht: Anstatt den Teenies beizubringen, wie man unerwünschten Nachwuchs vermeidet, sollte man ihnen künftig klar machen, welch kurze Zeitspanne den Frauen, den RICHTIGEN zumal, eigentlich zur Fortpflanzung zur Verfügung steht.

Ich sitze da und reibe mir die Augen. Jahrzehntelang hieß es, die Männer müssten sich ändern. Müssten teilen und verzichten lernen. Die Realitäten anerkennen etc. Und nun läuft das Spiel auf einmal umgekehrt (...).

Über den klar definierten Frontverlauf des Geschlechterkampfs hinweg ließen sich derweil auf Arbeitsebene zahlreiche Koalitionen der Willigen schmieden. Beispielsweise konnte ich mich bislang nie über einen Mangel an beruflichen Möglichkeiten beklagen – vermutlich weil die Männer, für die ich gearbeitet habe, auch alles RICHTIG machen wollten und froh waren, wenn sie eine Frau fanden, die sie fördern konnten. (...) Schließlich genoss meine Generation die Gnade der späten Geburt im Geschlechterkampf. Andere, die Emmas, hatten gefochten – für uns, die Petras. Denn das wäre das Etikett, das ich unserer Generation aufkleben würde: Petra atmet die ganze Sprödigkeit der Siebzigerjahre. (...) Auf die gefürchtete „Emanze" ist ein Frauentyp gefolgt, der sich mit Selbstbedienungsmentalität im Kramladen der Frauenbewegung umtut. Hier und da wird etwas Passendes herausgepickt, notfalls auch umgetopft, damit es in den Schrebergarten des eigenen Lebens passt.

Im Schutz der Anonymität kann ich es endlich gestehen: Ja, ich kenne auch Partnerschaften, in denen sich die (hochqualifizierte) Frau bequem in der Opferrolle eingerichtet hat. Und ich habe diesen Frauen oft, vielleicht zu oft verständnisvoll zugehört, wenn sie den Karrieren nachtrauerten, auf die sie zum Beispiel zugunsten der Kinder verzichtet hätten. Ich frage mich, ob Emanzipation bedeutet, dass die Fulltime-Mutter dem Mann abends, wenn er nach Hause kommt, den Müll vor die Tür stellt, damit er ihn runterbringt – schließlich kann er sich ja selbst verwirklichen im täglichen Kleinkrieg mit launischen Chefs und missgünstigen Kollegen.

Bevor es Steine hagelt: Selbstredend habe ich keine, absolut keine Ahnung vom schönen, aber eben auch aufreibenden Alltag mit Kindern. Und davon, dass Männer all ihre Schwüre („Wir kümmern uns beide um das Kind!") bekanntlich schnell vergessen. Aber wundern kann ich mich ja trotzdem. Warum nicht mehr Frauen hartnäckiger Ziele verfolgen. Sodass sich ihr Einsatz endlich auch statistisch niederschlägt: Es gibt diese Frauen ja, aber es sind nicht genug. Noch immer – auch hier mangelt es nicht an Statistiken – fühlen wir uns vom Aufstieg in Spitzenpositionen fern gehalten. Aber ist das wirklich nur eine Frage des Mann- oder Frau-Seins – oder nicht auch eine Frage des Mumms?

(...)

Denn die Frage der Gleichberechtigung ist doch am Ende ein ökonomisches Problem. Nach der Geburt eines Kindes, auch das zeigen die Statistiken, bleibt derjenige zu Hause oder „steckt zurück", der das geringere Einkommen hat. In vielen Fällen sind das die Frauen.
Aber haben wir diesen ärgerlichen Zustand nicht auch mit falschen Weichenstellungen selbst verschuldet? Ein Beispiel: Noch immer sind es Frauen, die massenhaft Anglistik und Germanistik studieren – Fächer, mit denen bekanntermaßen im Schnitt eher kleine Einkommen zu erzielen sind. Warum sind nicht längst mehr Frauen Ingenieurinnen oder Unternehmensberaterinnen geworden – zwei Jobs, in denen es um öde Materie, nicht um Selbstverwirklichung geht? Haben wir am Ende vielleicht doch nie ernsthaft damit gerechnet, die Verantwortung für mehr als nur für uns selbst übernehmen zu müssen?
Petra hat viele Rechte und wenig Pflichten. Ich frage mich, ob Männer unseres Alters die gleichen Wahlmöglichkeiten haben, was ihre Lebensgestaltung angeht?
Und Petra ist Macho. Sie will einen Kerl, der zwar sensibel ist und natürlich den Müll runterbringt, aber auch eine tolle Karriere macht. Anders als ein Mann, der dafür umgehend niedergebrüllt würde, können Frauen es sich heute immer noch leisten, berufstätige Mütter als „Rabenmütter" zu bezeichnen. Es war nicht Roland Koch, sondern Heide Simonis, die Angela Merkel via Stern den freundlichen Ratschlag erteilte, doch auch mal an ihr Äußeres zu denken. Solidarität unter Frauen haben wir immer noch nicht gelernt.
(...)
Übrigens noch so eine Sache, die ich gern mal denjenigen sagen würde, die mich beständig daran erinnern, dass ich DIE RICHTIGE bin: Dass ich auch deswegen zögere, Deutschland und seinen Rentenkassen ein Akademikerkind zu schenken, weil ich nicht weiß, welchen Nachnamen es tragen sollte. Kriegt es seinen Namen, hätten die Konventionen am Ende doch gesiegt und ich samt der Sache der Frauen eine Niederlage erlitten. Kriegt es meinen Namen, lebe ich mich auf Kosten meines Mannes aus. Gerecht sind beide Lösungen nicht. So verlagert jeder Befreiungsschlag – wie damals die Neuregelung des Namensrechts – das Problem am Ende nur eine Stufe weiter. Vielleicht sollten wir losen. Oder eine Umfrage unter wohlmeinenden Menschen starten, welcher Nachname besser klingt: Ein dreisilbiges Wortungetüm oder – so, und nun sage ich es Ihnen doch – SUSANNE FENGLER. Jahrelang hieß es, die Männer müssten sich ändern. Nun läuft

das Spiel umgekehrt. Petra will einen Kerl, der sensibel ist, den Müll run-
terbringt, aber Karriere macht.

(Gastbeitrag von Susanne Fengler, taz vom 8. März 2005.)

7.2.3 Zwischenüberschriften und lebensnaher Stil

Längere Gastbeiträge sollte man durch Zwischenüberschriften gliedern. Diese
dienen der Orientierung im Text. Der Leser, der zwar Interesse an Thema und
Autor, aber nur wenig Zeit hat, erfährt im besten Fall schon aus den Zwischen-
titeln die wichtigsten Botschaften. Und dort, wo ihn ein Aspekt tatsächlich näher interessiert, kann er nach Belieben in den Text „hineinzoomen". Auch hier
gilt: So kurz und so klar wie möglich. Mit einem Gastbeitrag wendet sich der
Autor an das breite Publikum. Deshalb verbietet sich ein allzu fachlicher Duk-
tus. Gefragt ist hingegen ein lebensnaher Stil.

Statt:

> *Im Rückblick erweist es sich als ein Fehler, dass Banken sich dem Urteil*
> *der Rating-Agenturen angeschlossen haben, ohne eine eigene hinreichen-*
> *de Prüfung vorzunehmen.*

Eher:

> *Heute wissen wir: Es war falsch, den Rating-Agenturen blind zu vertrau-*
> *en – sie sind entzaubert.*

Statt:

> *Die Banken übernehmen die Kosten der BaFin für die Bankenaufsicht,*
> *ohne sich dieser 100-prozentigen Kostentragung zu widersetzen.*

Eher:

> *Wir Banken zahlen für unsere Aufsicht durch die BaFin – voll und ganz*
> *und ohne Murren.*

Je nach Medium darf der Stil auch einmal sehr volksnah sein.

Beispiel:

Starke Grüne sind eine Gefahr für Merkel

Nach den aktuellen Umfragen sehen manche die Grünen bereits auf dem Weg zur „Kanzler-Partei". So weit ist es natürlich noch nicht, aber ein Ministerpräsident oder Berliner Bürgermeister aus den Reihen der Grünen liegt jetzt schon im Bereich des Möglichen. Was macht diese Partei zum Shootingstar der Saison?

1) Die Grünen pflegen seit Anfang der 80er-Jahre eine Werte-Kontinuität: Umwelt, Schöpfung, Klima, Atom. Das verschafft ihnen eine überdurchschnittliche Glaubwürdigkeit bei den Bürgern.

2) Die Bindewirkung der alten Volksparteien hat dramatisch abgenommen. Orientierungslose und Frustrierte wenden sich von Union oder SPD ab.

3) Viele von denen wollen aber nicht Teil einer radikalen Protestbewegung werden. Dazu denken und fühlen sie zu bürgerlich. Für sie stellen die Grünen eine ideale Alternative dar. Die Grünen haben sich zu einer „Wohlfühl-Partei" entwickelt – programmatisch ebenso wie im Stil des politischen Umgangs miteinander.

Viel Zulauf erhalten die Grünen von bisherigen SPD-Anhängern. Doch der kometenhafte Aufstieg der Ökopartei muss auch Bundeskanzlerin Angela Merkel beunruhigen. Denn mit wem sonst will die Union regieren, sollte Schwarz-Gelb in der nächsten Wahl keine Mehrheit erringen.

Für die Kanzlerin ist es daher schlicht eine Frage des Machterhalts, ob es ihr gelingt, der Union die Option auf Schwarz-Grün zu eröffnen.

(Gast-Kommentar von Professor Werner Weidenfeld, Direktor des Centrums für angewandte Politikforschung der Ludwig-Maximilians-Universität München, Bild am Sonntag vom 26. September 2010, Nr. 39, S.5)

7.3 Der persönliche Brief – die Chance, zu glänzen

Persönliche Briefe, häufig Glückwunschschreiben, sind nicht die beliebtesten Aufgaben der Öffentlichkeitsarbeit. Das ist schade, denn persönliche Briefe sind eine dankbare Sache. Der Adressat freut sich (in aller Regel), wenn er einen persönlichen Brief zum Geburtstag, einem Jubiläum oder einer Auszeichnung bekommt.

Der Schreiber kann sich abheben von der Masse der lieblos geschriebenen Standardbriefe, die jeden Tag landauf, landab verfasst werden. Denn an diesen verdient vor allem die Post. Auch wenn es die meisten niemals zugeben würden, so ärgern sie sich doch insgeheim, wenn sie zu ihrem Ehrentag keinen persönlichen Brief bekommen. Außerdem kann es wirklich Spaß machen, persönliche Briefe zu schreiben, wenn man richtig an die Sache herangeht. Wichtig ist ein origineller Einstieg. Denn durch ihn wird der Leser in den Text hineingezogen.

Beispiele:

Brief an einen jungen Journalisten, der einen namhaften Preis gewonnen hat:

Sehr geehrter Herr ...,

gibt man Ihren Namen in „Google" ein, dann erhält man 9.352 Treffer. Eine bemerkenswert hohe Zahl – zumal für einen so jungen Journalisten. Diese hohe Trefferquote zeigt aber auch, dass Sie sich in der Welt des Wirtschaftsjournalismus bereits einen Namen gemacht haben. Wie meisterlich Sie mit dem journalistischen Handwerkszeug umgehen und wie ernst Sie Ihre Leser nehmen, beweisen Sie in vielen Beiträgen (...).

Brief an einen Journalisten zum Geburtstag:

Sehr geehrter Herr ...,

„Dahinter steckt immer ein kluger Kopf" – mit diesem Slogan wirbt die Frankfurter Allgemeine Zeitung. Allerdings: Auf den Plakaten der Werbekampagne ist der Kopf immer verdeckt. Wie wahr. Nur selten bekommt der Leser den Autor der Stücke, über die er grübelt oder diskutiert, über die er sich freut oder ärgert, zu Gesicht. Und dennoch bleibt der Verfasser der Texte nur selten konturlos. Er gewinnt Gestalt über das, was er schreibt und beschreibt, für was er sich einsetzt, was er ablehnt (...). Auch Sie, sehr geehrter Herr .... beziehen Position und befeuern die Diskussion über unsere Wirtschaftsordnung. Damit reihen Sie sich ein in einen Kreis namhafter „kluger Köpfe" Ihrer Zeitung, die dem Wirtschaftsteil ein unverwechselbares Gesicht geben oder gaben. (...)

Oft gelingt auch ein guter Einstieg, indem der Schreiber an das Datum des Geburtstags anknüpft.

Beispiele:

> *Lieber Herr Schmidt,*
>
> *seit nunmehr zwölf Jahren sind Sie als Vorstandsmitglied für den Bereich Forschung und Entwicklung tätig, und zwar sehr erfolgreich.*
>
> *Eigentlich kein Wunder, wenn ich mir den Tag Ihrer Geburt betrachte: den 14. März.*
>
> *An diesem Datum erblicken offensichtlich Ausnahme-Erscheinungen das Licht der Welt:*
>
> *Sie wurden exakt am gleichen Tag geboren wie Albert Einstein. Bestimmt kein Zufall.[51]*
>
> *Mit freundlichen Grüßen*
>
>
> *Lieber Herr Hubert,*
>
> *der 28. September ist ein ganz besonderer Tag – ein Tag, an dem Kämpfer geboren wurden. Denn an diesem Tag wurde Max Schmeling geboren. Einige Jahre später erblickten Sie das Licht der Welt.*
>
> *Mit freundlichen Grüßen*

In einem persönlichen Brief können Sie natürlich auch auf Ereignisse anspielen, die am gleichen Datum stattgefunden haben:

Beispiel:

> *Liebe Frau Alvensleben,*
>
> *der 7. März war ein ganz besonderer Tag: Am 7. März 1900 sagte August Bebel im Deutschen Reichstag: „Eine besonders intelligente, geistreiche und gesunde Frau ist auch fähig, Staatsrat oder sogar Minister zu werden". 30 Jahre später wurden Sie, liebe Frau Alvensleben, geboren. Sie haben bewiesen, zu welchen Karrieren Frauen in der Lage sind.*

---

51   Zitiert nach Der Reden-Berater, S. 19.

Sie können auch an den Beruf oder das Sternzeichen des Adressaten anknüpfen:

Beispiele:

Sehr geehrter Herr Siebenlist,

*Als Physiker kennen Sie das Gesetz von der Erhaltung der Energie beson-
ders gut – wohl deswegen sind Sie so jung geblieben...*[52]

*Bach, Händel und Ravel – alle drei waren vom Sternzeichen her Fische.
Alle drei waren hervorragende Musiker – genau wie Sie auch!*

Sie können natürlich auch dem Adressaten des Briefes schmeicheln.

Beispiel:

Sehr geehrte Frau Münch,

*Ich las einmal in der Frankfurter Allgemeinen Zeitung ein Zitat über Char-
lie Chaplin, aus Anlass seines hundertsten Geburtstages. Ein Zitat von Samuel Goldwyn, dem berühmten Hollywood-Produzenten. Es stammt aus
dem Jahre 1930 und lautet ganz schlicht:*

Nur Gott kann einen Star machen. Und bei Chaplin war er in Hochform.

*Sehr geehrte Frau Münch, zwar sind Sie kein Hollywood-Star. Bei Ihnen
muss Gott jedoch ebenfalls in Hochform gewesen sein. Denn was haben
Sie in Ihrem bewegten Leben nicht alles erreicht!*[53]

Und dann gibt es noch die nicht alltäglichen Anlässe wie zum Beispiel den
Relaunch der Frankfurter Allgemeinen Zeitung. Hier ist dann Fantasie und
Kreativität gefragt.

---

52   Vgl. Reden-Berater, S. 21.
53   Vgl. Reden-Berater, S. 28.

Beispiel:

Brief an den Herausgeber der Frankfurter Allgemeinen Zeitung

Lieber Herr ...,

als ich heute Ihre Zeitung aufschlug, stach mir sofort eine Doppelseite ins Auge. Darauf: eine aufgefaltete F.A.Z. mit Foto auf der Titelseite, die gewohnte Frakturschrift über den Kommentaren fehlte. In der Zeitung ein kreisrundes Loch, aus dem mich ein Auge anblickte. Am rechten unteren Rand dann die Auflösung in schwarzen Lettern: Florian Henckel von Donnersmarck, Regisseur. Am linken unteren Rand der Doppelseite las ich: Dahinter steckt immer ein kluger Kopf.

Warum wirbt die F.A.Z. mit Florian Henckel von Donnersmarck?, fragte ich mich im Stillen. Was hat die F.A.Z., die seit einigen Tagen mit einem neuen Layout daherkommt, mit dem Oscar-Preisträger zu tun?

Sehr viel, wie ich finde. Denn beide haben Tradition. Die F.A.Z. ist seit Beginn der Bundesrepublik eine der führenden Zeitungen in Deutschland: seriös, glaubwürdig und unverwechselbar.

Und Florian Henckel von Donnersmarck entstammt einer altschlesischen Adelsfamilie, sein Vater war Präsident der Deutschen Assoziation des Malteserordens, sein Onkel ist Abtpräses der österreichischen Zisterzienserkongregation. Auch die Frankfurter Allgemeine Zeitung gehört zum Adel in der deutschen Medienlandschaft.

Aber noch etwas anderes verbindet den Oscar-Regisseur mit der F.A.Z. Das ist der Mut, Entscheidungen zu treffen und sich nicht hinter alten Traditionen zu verschanzen.

Das haben Sie getan, als Sie Ihrer Zeitung ein neues Gewand gaben. „Einladend, frisch und übersichtlich", wie Sie selbst schreiben. Sicherlich: Es mag auch Widerspruch innerhalb Ihrer Leserschaft gegeben haben ob der Veränderung. Trotzdem: Sie haben den Wandel gewagt und damit Ihre Traditionszeitung auch optisch dem 21. Jahrhundert geöffnet. Schon Winston Churchill wusste: „Verbessern heißt verändern. Perfekt sein heißt demnach, sich oft verändert zu haben." In diesem Sinne freuen wir uns mit Ihnen über diese gelungene Veränderung.

Mit besten Grüßen

Fast alle persönlichen Briefe haben ein Ziel: Sie wollen den Adressaten würdigen. Dabei verfällt der Autor leicht in Formulierungen wie *„Sie haben in vorbildlicher Weise"*, *„eine Aufgabe, der Sie hervorragend nachgekommen sind"*, *„haben wir mit Freude vernommen, dass Sie "*. Diese Formulierungen klingen stark nach Zeugnis. Damit ruft man bei vielen Menschen ungute Gefühle hervor. Denn es gibt so manchen, der sich nur ungern an die eigene Schulzeit erinnert. Außerdem besteht beim Zeugnisstil die Gefahr, nur Dinge zu erwähnen (und auch noch zu bewerten), die der Angesprochene ohnehin weiß.

Tipp:

Um gute persönliche Briefe zu schreiben, braucht man *zwei Dinge*: Informationen über den Adressaten und Fantasie. Bei beidem hilft das Internet. Über den Adressaten findet sich meist etwas Brauchbares. Auch der eigenen Kreativität hilft das Web garantiert auf die Sprünge. Nur ein Beispiel: Bei Google finden Sie, wenn Sie zum Beispiel „18. März" eingeben, alles über diesen Tag des Jahres in der Weltgeschichte. Das Gleiche funktioniert mit einem Jahr, zum Beispiel „1967". Auch Zitate lassen sich im Internet leicht finden.

7.4 Die Rede – das Publikum unterhalten und überzeugen

> *„Meiner Ansicht nach jedenfalls kann niemand als Redner höchstes Lob verdienen, wenn er nicht Kenntnisse von allem Großen und von allen Künsten und Wissenschaften erlangt hat. Denn eine Rede muss aus Kenntnis der Materie erwachsen und hervorströmen: Wenn nicht ein sachliches Fundament da ist, das der Redner gründlich beherrscht, so bringt er einen leeren und beinahe kindischen Wortschwall hervor (...)"*
>
> Marcus Tullius Cicero

Der Redner will ein kostbares Gut der Zuhörer: ihre Zeit.[54] Daher muss er die Aufmerksamkeit, die man ihm widmet, verdienen. Im besten Fall trifft er den Nerv des Publikums, nimmt es mit auf eine spannende Gedankenreise. Der Dichter Johann Wolfgang von Goethe nannte als erstes und wichtigstes Gebot für eine Rede: „Man muss etwas zu sagen haben, wenn man reden will." In dasselbe Horn stieß der Philosoph Arthur Schopenhauer: „Die erste, ja für sich allein beinahe ausreichende Regel des guten Stils ist diese, dass man etwas zu sagen habe."

---

54   Gute Reden finden sich auch unter http://www.cicero-rednerpreis.de.

Weniger ist dabei meist mehr. Das heißt: Die Rede sollte nicht zu lang sein. Versuchen Sie nicht, alles in sie hinein zu quetschen, was Sie zum Thema wissen. Überzeugen Sie lieber mit wenigen, aber wichtigen Punkten. Eine Rede ist etwas sehr Persönliches und Individuelles. Jeder hat dabei einen anderen Stil. Das ist ganz natürlich, redet doch jeder Mensch anders. Sie schreiben zwar, aber es handelt sich in Wahrheit um eine mündliche Rede. Man könnte sagen: Die Rede ist der Urform der Kommunikation am nächsten: nämlich der gesprochenen Sprache. Darum: Schreiben Sie so, wie Sie reden, und so, dass Sie das Publikum ansprechen: *„Wussten Sie, dass ...?", „Kennen Sie eigentlich ...?", „Haben Sie schon einmal ...?"*

7.4.1 Die ersten Sekunden sind entscheidend

Der Einstieg muss sitzen. Gerade bei einer Rede gilt: Die ersten Sekunden sind entscheidend. Es gibt viele Möglichkeiten, eine gute Rede zu beginnen:

Variante eins: Starten Sie mit Humor:

Wenn es der Anlass der Rede zulässt, können Sie humorvoll einsteigen. Damit können Sie gleich zu Anfang die Atmosphäre auflockern und die Herzen der Zuhörer gewinnen.

Beispiele:

Meine Rede ist wie ein Minirock: lang genug, um das Wesentliche abzudecken, doch kurz genug, um interessant zu sein.[55]

Meine Damen und Herren, ich kenne einen einzigen Vogel, der spricht: das ist, wie Sie wissen, der Papagei. Ich habe beobachtet: der fliegt schlecht! Wie mir eben versichert wurde, fliege ich einigermaßen ordentlich. Guten Appetit, meine Herrschaften.[56]

---

55   Vgl. Reden-Berater, 3.1.5, S. 2.
56   So antwortete der Flieger Charles Lindberg auf eine Laudatio, zit. Nach I. Schweinsberg-Reichart „Rednerschulung", Heidelberg 1978.

Variante zwei: Starten Sie mit einem Zitat:

Beispiele:

Wenn die Börsenkurse ständig fallen, sinken auch die Rocksäume, das ist eine alte Erfahrung.[57]

Wenn man in die falsche Richtung läuft, hat es keinen Zweck, das Tempo zu erhöhen.[58]

An der Börse muss man sich verhalten wie beim Baden im kalten Wasser: Hineinspringen und rasch wieder heraus.[59]

Variante drei: Beginnen Sie mit einem Bonmot oder einem Aphorismus:

Beispiele:

Die zehn Gebote sind deswegen so kurz und logisch, weil sie ohne Mitwirkung von Juristen zustande gekommen sind.[60]

Wirtschaftswissenschaft ist die einzige Disziplin, in der jedes Jahr auf dieselben Fragen andere Antworten richtig sind.[61]

Anerkennung ist eine Pflanze, die vorwiegend auf Gräbern wächst.[62]

Variante vier: Erzählen Sie eine Geschichte, ein Märchen oder eine Anekdote:

Beispiele:

Einmal zeigte ein erfolgreicher Maler einem guten Freund ein Bild, das er gemalt hatte. Größe: Etwa ein Meter mal ein Meter. Linke Hälfte der Leinwand lila, rechte Hälfte der Leinwand gelb.

---

57   Zitat von George Farquhar, irischer Dramatiker.
58   Zitat von Birgit Breuel.
59   Zitat von Carl Meyer Rothschild.
60   Bonmot des französischen Politikers und Generals Charles de Gaules.
61   Bonmot des amerikanischen Filmschauspielers Danny Kaye.
62   Botmot des deutschen Showmasters Robert Lembke.

Er hatte dieses Gemälde gerade für ein stattliches Honorar verkauft.
„Das kann ich auch!", sagte der Freund spontan. Der Maler lachte ihn
an und erwiderte: „Siehst Du, das unterscheidet uns. Du kannst es, aber
du tust es nicht.".[63]

Der Beste zu sein: das wurde den Kindern des alten Joe Kennedy eingetrich-
tert. Es gibt eine Geschichte über den jungen Robert Kennedy: Robert ging
eines Tages zu seinem Vater und sagte: „Daddy, ich möchte Priester wer-
den! – Joe Kennedy dachte eine Weile nach und nickte dann zustimmend:
„Okay, Bob! Es wäre ganz schön, einen Papst in der Familie zu haben."[64]

Variante fünf: Erläutern Sie die Herkunft eines Namens oder eines Begriffs:

Beispiele:

Liebe Ilse, lieber Georg,

Ihr habt Eurer Tochter den Namen Henrike gegeben. Henrike ist die weibliche
Form des altdeutschen Namens Heinrich. Der Name Heinrich setzt sich aus
den Bestandteilen „heim" für Heim oder Haus und „rîhhi" zusammen, was so
viel wie Fürst bedeutet. Heinrich ist somit „der Herrscher über Gut und Hof".
Somit bedeutet Henrike als weibliche Form von Heinrich so viel wie „Herr-
scherin über Gut und Hof".

Liebe Heike, lieber Helmut,

heute feiert Ihr Euren 50. Hochzeitstag. Ihr geht jetzt schon 50 Jahre auf
der Straße des Glücks. Da ist es wohl endlich an der Zeit, ein Geheimnis zu
offenbaren. Oder sollte ich sagen: den Deckel des Geheimnisses zu lüpfen?
Es geht um das Geheimnis des Glücks. Ich wollte ihm auf die Spur kom-
men und habe im Lexikon nachgeschlagen, was wir Menschen eigentlich
mit diesen 5 Buchstaben Glück bezeichnen.
Das Wort Glück kommt von „Gelükke"; ein Gelükke ist ein gelungener
Deckel, den der Töpfer herstellt – und der ohne zu klappern genau auf
den Topf passt (....).[65]

---

63   Zit. nach Blenk 2006: 159.
64   Zit. nach Reden-Berater, 3.1.13, S. 1.
65   Beispiel aus Reden-Berater, 3.1.8, S. 2.

Natürlich gibt es noch viele andere Möglichkeiten, eine Rede zu beginnen. Dabei ist zu beachten: Rede ist nicht gleich Rede. Eine Geburtstagsrede muss anders angelegt sein als eine Vorstandsrede. Eine überzeugende Rede gleicht der Meeresbrandung. Ein Argument baut sich auf wie eine Welle, die immer stärker wird und schließlich kraftvoll auf den Strand trifft. Dabei wechselt die Welle Aussehen und Geräusch – das Argument Satzlänge und Tonlage. Am Ende eines Arguments hat der Zuhörer im besten Fall das Gefühl: Ja, damit hat der Redner überzeugt.

Lehrreich ist eine Rede von Bundestagspräsident Norbert Lammert[66], die dieser zum Gedenken an die Opfer der RAF hielt:

Meine Damen und Herren,

(...) wir gedenken heute der Opfer des Terrors einer Organisation, die sich als Rote Armee Fraktion bezeichnet hat. Sie war weder eine Armee noch eine Fraktion. Rot war die Blutspur brutaler rücksichtsloser Gewalt, die sie hinterlassen hat. Wir gedenken der 36 Menschen, die in dem Zeitraum vom 22. Oktober 1971 bis 27. Juni 1993 durch die RAF umgebracht worden sind. (...)

Die Opfer der RAF hatten manches gemeinsam, waren aber sehr unterschiedliche Menschen. Sie hatten sehr unterschiedliche Aufgaben und Funktionen – einige standen wegen ihrer Berufe besonders im Licht der Öffentlichkeit –, sie waren unterschiedlich alt, hatten unterschiedliche Biographien und unterschiedliche Interessen. Allen gemeinsam war aber, dass sie als Menschen mitten im Leben standen – nicht nur als Polizisten, als Richter, als Piloten, als Diplomaten, als Bankier oder Manager, sondern auch als Söhne, als Brüder, als Ehegatten, als Vater, Mutter und Onkel. Und dass sie von Terroristen gewaltsam und grausam aus ihren Leben, aus ihren Familien und aus unserer Mitte gerissen wurden. Wir verneigen uns vor allen Opfern, den Toten wie den Lebenden. (...)

Die Angehörigen haben nicht nur den Tod eines geliebten Menschen erleiden und ihr Leben ohne ihn verbringen müssen. Sie haben auch miterleben müssen, wie Täter nach Verbüßung ihrer Haftzeit in die Freiheit entlassen

- -

---

66   Rede zum Gedenken an die Opfer des Terrors der RAF am 24. Oktober 2007 im Deutschen Historischen Museum Berlin, vgl. http://www.bundestag.de/bundestag/praesidium/ reden/2007/015.html (Abruf am 2.11.2010).

*wurden und darauf bestanden – übrigens regelmäßig unter ausdrück-
licher Anrufung des Rechtsstaates, den sie bekämpft hatten – nicht mehr
als Mörder oder Terrorist bezeichnet zu werden, sondern allenfalls als Ex-
Terrorist. So richtig es ist, die Regeln unseres Rechtsstaates auch seinen
schärfsten Feinden nicht zu verweigern, so wichtig ist es auch, in diesem
Zusammenhang daran zu erinnern, dass die Opfer der RAF diese Chance
nicht haben. Ex-Opfer gibt es nicht. (...)*

*Am Tage der Beisetzung Hanns Martin Schleyers hatte im Stuttgarter Staats-
theater ein „Elvis Memorial" für die verstorbene Rock 'n' Roll-Legende
Premiere. Wenn 30 Jahre später ein bekannter deutscher Entertainer am
gleichen Theater im Rahmen der von ihm so genannten „RAF-Festspie-
le" eine Neuauflage produziert – unter dem Jubel des Publikums –, dann
ist das zweifellos von der Freiheit der Kunst gedeckt. Und selbstverständlich erlaubt es die Pressefreiheit, wenn das Feuilleton einer großen deutschen Tageszeitung findet, dies sei „ein politischer Abend", (...) „weil er
die befreiende Kraft kluger Unterhaltung gegen die bleierne Zeit ausspielt,
die sich in jenen Tagen erdrückend über das Land gelegt hat". Aber es ist
zugleich ein Beleg dafür, dass die Freiheit manchmal von einer schieren
Zumutung kaum zu unterscheiden ist. (...)*

*Der Terror der RAF hat den Rechtsstaat Bundesrepublik Deutschland bis
an seine Grenzen belastet, aber nicht aus seinen Angeln gehoben. Er hat
die führenden Politiker der Regierung wie der Opposition vor unausweich-
liche Entscheidungen gestellt, die sie nicht treffen konnten, ohne Schuld
auf sich zu laden, wie der damalige Bundeskanzler Helmut Schmidt erst
kürzlich in einem Interview gewiss nicht nur für sich erläuterte. Aber für
die gegenteiligen Entscheidungen, soweit sie überhaupt möglich gewesen
wären, gilt dies nicht weniger. Schließlich haben Staat und Gesellschaft
diese Belastungsprobe bestanden, ohne dabei selbst die Freiheit zu gefähr-
den, gegen die der Terror gerichtet ist. Die Freiheit ist stärker geblieben.
Dass es so gewesen ist, verdanken wir denen, die damals ebenso bedacht
wie entschlossen gehandelt haben. Dass es so bleibt, sind wir den Opfern
und ihren Angehörigen schuldig.*

7.4.2 Sprachbilder, Humor und Selbstironie

Eine Rede lebt von der Überraschung, vom Unkonventionellen und „von der Farbe". Je mehr eine Rede die Zuhörer unterhält, desto eher akzeptiert das Publikum auch, mit Fachlichem beansprucht zu werden.

Beispiele:

Wenn Sie früher in einer Bank nach einer Finanzierung gefragt haben, hatten Sie die Antwort nach drei Tagen. Heute haben Sie, wenn's gut läuft, noch nicht einmal Ihren Espresso ausgetrunken.[67]

Auch in einer Rede sind Sprachbilder ein wirksames Instrument. Eines aber ist hier besonders wichtig: Bilder müssen zum Anlass, zum Grundton, zum Redner und zum Publikum passen. Dabei gilt: Je launiger der Anlass, desto bunter und kräftiger dürfen die Bilder sein.

Dasselbe gilt für Humor und Selbstironie: Beide Elemente eignen sich gut, um einer Rede mehr Gehör zu verschaffen. Aber sie müssen richtig dosiert sein – weder zu schwach, dann gehen sie unter, noch zu stark, dann wirken sie aufgesetzt. Und sie müssen zum Redner, zum Anlass und zum Publikum passen.

7.4.3 Nur ein starker Schluss ist ein guter Schluss

„Das Ende einer Rede muss spritzigem Champagner und nicht billigem Landwein ähneln", schreibt Thilo von Trotha, der ehemalige Redenschreiber des einstigen Bundeskanzlers Helmut Schmidt.[68] Deshalb sollten Sie nie eine Rede für den Zuhörer unvermittelt abbrechen mit den Worten: „So, das war's" oder „Ich bin fertig." Eleganter ist es, den Zuhörer auf das Ende einzustimmen.

Beispiele:

Meine Damen und Herren, mit folgender kurzen Zusammenfassung möchte ich zum Schluss kommen.

---

67   Dieses Beispiel stammt aus einem Sprachseminar von Wolf Schneider.
68   Vgl. Reden-Berater, S 18/001.

Bevor ich zum Schluss komme, möchte ich Ihnen doch dieses Foto nicht vorenthalten.

Lassen Sie mich zum Schluß an den Namensgeber dieses schönen Preises erinnern: Marcus Tullius Cicero.[69]

Wichtig ist, dass Sie Ihr Versprechen dann auch wirklich einlösen und auch tatsächlich zum Schluss kommen. Genauso wie für den Redeanfang gibt es auch für das Ende einer Rede unterschiedliche „Ausstiegsvarianten":

Variante eins: Appellieren Sie an die Zuhörer!

Lassen Sie mich zum Schluß an den Namensgeber dieses schönen Preises erinnern: Marcus Tullius Cicero. Dieser berühmteste Redner Roms, dieser Streiter für die Republik und gegen die Diktatur, war eine der größten, farbigsten, vielseitigsten Persönlichkeiten der römischen Antike. Sein Ende war tragisch. Cicero wurde, weil er die Republik verteidigt hatte, ermordet: sein Kopf und seine Hände wurden auf der Rostra am Forum Romanum ausgestellt. „Jetzt rede" höhnten seine Feinde. Es war wohl die Sorge um den Journalismus, die mir dieses schlimme Schicksal des Marcus Tullius Cicero hat in den Sinn kommen lassen.

Es gibt die Pressefreiheit, weil die Presse auf die Demokratie achten soll. Diese Achtung beginnt mit Selbstachtung. Es wird daher, und in den Zeiten des Internet mehr denn je gelten: Autorität kommt von Autor und Qualität kommt von Qual. Dieser Qualitäts-Satz Satz steht zwar in der Hamburger Journalistenschule, aber er gilt nicht nur für Journalistenschüler. Er meint nicht, dass man die Leser und User mit dümmlichem, oberflächlichem Journalismus quälen soll. Qualität kommt von Qual: Dieser Satz verlangt von Journalisten in allen Medien, auch im Internet, dass sie sich quälen, das Beste zu leisten – und er verlangt von

---

69   „Pressefreiheit ist das tägliche Brot der Demokratie", Auszug aus der Dankesrede von Heribert Prantl bei der Verleihung des Cicero Rednerpreises des Verlags für die Deutsche Wirtschaft am 21. April 2010.

> *den Verlegern, dass sie die Journalisten in die Lage versetzen, das Bes-*
> *te leisten zu können. Dann ist das tägliche Brot der Demokratie kein In-*
> *dustriebrot. Dann hat Journalismus eine glänzende Zukunft, dann lebt*
> *die Demokratie, dann bleibt sie jung.*[70]

Variante zwei: Beenden Sie Ihre Rede mit Humor

Beispiele:

> *Ein Redner redete und redete, bis die Zuhörer einer nach dem anderen*
> *aufstanden und gingen. Schließlich blieb nur noch ein einziger Mann üb-*
> *rig, der neben dem Redner auf dem Podium stand. Dem wandte sich der*
> *Redner zu und sagte: wenigstens Sie scheinen ein Gentleman zu sein!*
> *Darauf erwiderte der Angesprochene: Bedaure, ich bin kein Gentleman,*
> *ich bin der nächste Redner.*[71]

Variante drei: Schlagen Sie einen Bogen vom Anfang zum Ende

Beispiel:

> *Sehr geehrte Damen und Herren,*
>
> *wollte man provozieren, so könnte man sagen, dass unser heutiges Treffen*
> *doch sehr an eine Zusammenkunft von Liebhabern alter und ehrfürchtig*
> *bestaunter Automobile erinnert – sozusagen an eine „Oldtimer Rallye“.*
>
> *Die von den Teilnehmern gehegten, gepflegten und geliebten Produkte sind*
> *ohne Frage Meisterwerke der Ingenieurskunst ihrer Zeit, haben aber in*
> *der heutigen Zeit ihre Bedeutung und Funktion als modernes Fortbewe-*
> *gungsmittel verloren.*
>
> *Die Fragen, die sich aus diesem provokativen Vergleich ergeben, lauten also:*

---

70   „Pressefreiheit ist das tägliche Brot der Demokratie“, Auszug aus der Dankesrede von
     Heribert Prantl bei der Verleihung des Cicero Rednerpreises des Verlags für die Deutsche
     Wirtschaft am 21. April 2010.
71   Beispiel aus Reden-Berater, S 18/016.

- *Welche Relevanz hat heute noch ein gedrucktes Hochglanzprodukt, das mit ein paar Monaten Verspätung den Zustand eines Unternehmens im vergangenen Jahr widerspiegelt?*

- *Welche Rolle spielt dieses Produkt im Zeitalter des Internets, der unmittelbaren Information, der Ad-hoc-Mitteilungen sowie intensiver Kommentierung und aktueller Berichterstattung durch Wertpapieranalysten und Wirtschaftsjournalisten?*

- *Gleicht unsere Beschäftigung mit sprachlicher Qualität, Optik und Gestaltung sowie inhaltlichem Umfang eines Geschäftsberichts nicht der von Automobilfans mit Pleuelstangen, Holzfederung und schönen alten Speichenrädern?*

(...)

Und hier bin ich am Ende wieder beim guten alten Jahresabschlussbericht. Denn für die Markenpflege auf der Investorenseite und für die Imagebildung gerade bei privaten Anlegern hat der Geschäftsbericht nach wie vor seine Bedeutung. Entsprechend eingesetzt ist er Teil eines erfolgreichen Marketing-Mix für die Aktie.

In diesem Sinne ist mein eingangs angestellter Oldtimer-Vergleich möglicherweise doch überzogen – aber vielleicht unterhalten wir uns ja darüber nochmals in fünf Jahren ...[72]

Bevor wir jetzt zum Schluss dieses Kapitels kommen, noch eins: Wichtiger noch als bei allen anderen Texten ist es bei der Rede, den fertigen Text einmal laut und mit richtiger Betonung zu lesen. Dabei merkt man: Ist die Rede so lang wie die vorgesehene Redezeit – oder ist sie zu lang? Lassen sich alle Sätze einwandfrei sprechen? Versteht man den Sinn auch sofort, wenn man den Text nur – und zum ersten Mal – hört?

---

72 Rede von Dr. Paul Achleitner, Mitglied des Vorstands der Allianz AG, zur Preisverleihung „Bester Geschäftsbericht" beim „Manager Magazin" am Donnerstag, 31. August 2001.

7.5 Spezialfall Pressestatement: Story ja, Ballast nein

Das Statement im Rahmen einer Pressekonferenz ist der Spezialfall einer Rede. Auch hier geht es darum, eine „Story zu erzählen". Dies aber nicht, um die Zuhörer zu unterhalten, sondern um eine schlüssige Argumentationslinie zu ziehen, an der alle wichtigen Botschaften wie Perlen an einer Schnur aufgereiht sind. Sehr viel weniger Erfolg verspricht es, einfach nur Fakten und Aussagen abzuspulen.

8. Texten für das Internet

8.1 Der Siegeszug des Internets

Print oder Online? Diese Unterscheidung gibt es heute kaum mehr, liegt doch die Zukunft im Miteinander der beiden und in deren Verknüpfung. Als wir in den Journalismus starteten, sind wir gefragt worden: Wollt Ihr Zeitungsjournalisten, Radio-Journalisten oder Fernsehleute werden? Dass man alles auf einmal machen könnte, das war noch vor einigen Jahren unvorstellbar. Inzwischen sieht die Situation ganz anders aus: Nur wenige Jahre haben die journalistische Welt komplett auf den Kopf gestellt. Die Grenzen zwischen Print, Radio und Fernsehen verschwimmen zusehends. In nur einem Jahrzehnt hat das Internet einen so rasanten Siegeszug hingelegt wie kein anderes Medium vor ihm. Der ARD/ZDF-Online-Studie 2010 zufolge sind 69,4 Prozent der Deutschen (zumindest gelegentlich) online[73]. Die ACTA-Studie 2010 (Allensbacher Computer- und Technikanalyse 2010)[74] kommt sogar auf 81,5 Prozent. Im Jahr 2009 waren es nur 78,1 Prozent.

8.1.1 Print, Radio, Fernsehen – die Barrieren sind eingerissen

Die Barrieren zwischen Print, Radio und Fernsehen, die lange als unüberwindbar galten, sind mittlerweile eingerissen. Warum? Weil sich die Technik enorm weiterentwickelt hat. Dank der Digitalisierung kann heute jeder mit relativ geringem Aufwand Audios und Videos produzieren und diese ins Netz stellen. Dort kann sie dann jeder abrufen.

Das Internet mit all seinen faszinierenden Möglichkeiten erreicht mittlerweile fast so viele Menschen wie das Fernsehen. Für Jugendliche und junge

---

73 Im Frühjahr 2010 nutzten 49 Millionen Menschen ab 14 Jahren zumindest gelegentlich das Internet, vgl. ARD/ZDF-Onlinestudie 2010, http://www.ard-zdf-onlinestudie.de. Das sind 5,5 Millionen mehr als im Jahr 2009. 76 Prozent dieser Onliner tummeln sich jeden Tag im Internet.

74 http://www.acta-online.de/index.html. Die ACTA-Studie 2010 befragt Menschen im Alter zwischen 14 und 64 Jahren.

Erwachsene zwischen 14 und 19 Jahren – die sogenannten Digital Natives – ist das Internet sogar das Leitmedium. In dieser Altersgruppe ist jeder online. Fragt man junge Menschen, auf was sie am ehesten verzichten könnten, nennen die meisten die Zeitung. Computer und Internet hingegen will kaum einer missen.

Und das Rad dreht sich immer weiter. Die mobile Internetnutzung ist der Trend 2010. Das ergab die ACTA-Studie 2010 des Instituts für Demoskopie in Allensbach.[75]

8.1.2 Die Homepage – multimediale Visitenkarte

Die veränderten Nutzungsgewohnheiten und die Beliebtheit des Internets wirken sich natürlich auch auf die PR aus. Fast alle Unternehmen, Vereine, Verbände und Politiker haben mittlerweile eine Homepage. Sie nutzen dabei die Chancen, die ihnen das Internet als multimediales Medium bietet. Sie wissen: Die Website ist unsere multimediale Visitenkarte. Beispiel Pressekonferenz: Die PR-Abteilung stellt die Pressemitteilung, das Pressestatement und Fotos von der Veranstaltung online. Das hat einige Vorteile: Auch wer die Pressekonferenz nicht live miterleben konnte, kommt leicht und schnell an Informationen. Er braucht nicht erst in der Pressestelle nachzufragen, um sich die Informationen schicken, faxen oder mailen zu lassen. Die Fotos auf der Homepage kann der Journalist mit einem Klick „downloaden". Die Redaktion braucht nicht unbedingt einen eigenen Fotografen zur Veranstaltung zu schicken.

Außerdem kann die Homepage Atmosphäre transportieren. Impressionen von der Pressekonferenz erhält der Besucher durch Bildergalerien und Videos. Der Text des Pressestatements, den er auf der Homepage nachlesen kann, bekommt so „ein Gesicht". Der Besucher der Website erfährt auf diesem Wege nicht nur, welche Inhalte der Redner vermitteln will. Er sieht auch, wie er dies tut. So kann er sich ein eigenes Bild von der Persönlichkeit des Redners und dessen Glaubwürdigkeit machen.

Die Kernaussagen einer Rede oder eines Statement können via Podcast zum Abruf bereit gestellt werden. Damit bekommen Botschaften und Anliegen „eine Stimme". Ist diese dem Hörer sympathisch, haben das Unternehmen, die Marke oder der Politiker Pluspunkte gesammelt. Atmosphäre herstellen und für Vertrauen werben: Dafür können Sie auch besonders wichtige Ausschnitte ei-

---

75   So gaben im letzten Untersuchungszeitraum 22 Prozent der Befragten zwischen 14 und 64
     Jahren an, dass sie das Internet mobil nutzten. Im vorangegangenen Befragungszeitraum
     waren es mit 15 Prozent sieben Prozent weniger.

ner Rede bei Youtube einstellen. Diese Video-Plattform erfreut sich wachsender Beliebtheit. Der ACTA-Studie 2010 zufolge schauen sich knapp 28 Prozent der Befragten zwischen 14 und 64 Jahren gelegentlich Videoclips auf Youtube an. Im vorangegangenen Zeitraum waren es noch fünf Prozentpunkte weniger. Die Presseabteilung hat außerdem die Möglichkeit, den Text zu verlinken. Das heißt, er kann auf andere interessante Texte zu demselben Thema oder zu anderen verwandten Themen hinweisen. Damit bietet das Unternehmen, der Verband oder der Politiker einen Mehrwert für Journalisten und andere Besucher der Homepage. Schnell und einfach können sich diese einen Überblick über die Thematik verschaffen. In Foren und Blogs können sie über Produkte des Unternehmens sowie Standpunkte und Argumente diskutieren.

Und noch einen Vorteil bietet eine multimediale Homepage: Sie fördert den Dialog. Viele Websites geben ihren Besuchern die Möglichkeit, die Inhalte zu kommentieren und eine Rückmeldung zu geben. Einige Unternehmen, Verbände und Politiker nutzen auch Social Media[76] wie Blogs oder Twitter. Darüber können sie mit all denjenigen interagieren, die sich für ihre Produkte, Argumente und Ansichten interessieren. Durch das Internet kann die Medienarbeit vom Monolog zum Dialog werden.

Genauso wie die Möglichkeiten des Internets die PR durcheinandergewirbelt haben, ist auch im Journalismus nichts mehr wie es einmal war. Der Medienjournalist und Blogger Stefan Niggemeier hat es in seinem Beitrag „Wozu noch Journalismus?"[77] so beschrieben:

„Und dann war da plötzlich ein Medium, mit dem man alles machen konnte. Journalisten, die ein langes Interview geführt hatten, für das in der Zeitung nicht genügend Platz war, konnten es trotzdem in ganzer Länge veröffentlichen. Kritiker konnten ihrem Publikum zeigen, worüber sie schrieben: die Kunst, das Bauwerk, den Film, mit beliebig vielen Fotos oder bewegten Bildern. Meldungen konnten sich auf die Neuigkeiten des Tages beschränken und für diejenigen, die die Vorgeschichte nicht mitbekommen hatten, einen Link auf die entsprechende Meldung vom Vortag setzen. Kommentatoren konnten eine echte öffentliche Debatte führen und auf widersprechende Meinungen in anderen Medien verweisen, und die Leser konnten sich daran

---

76 Social Media sind Soziale Netzwerke, die als Plattformen zum gegenseitigen Austausch von Meinungen, Eindrücken und Erfahrungen dienen.

77 http://www.stefan-niggemeier.de/blog/wozu-noch-journalismus.

beteiligen und untereinander und mit den Autoren diskutieren. Nachrichten konnten das Publikum sofort erreichen, egal wann sie passierten. Fehler konnten an Ort und Stelle korrigiert werden. Rechercheure konnten dem interessierten Publikum die brisanten Dokumente, die sie aufgetan hatten, zeigen. Aufklärer konnten ihre Argumente mit Quellen untermauern, von deren Aussagekraft sich die Leser ein eigenes Bild machen konnten. Die aufwändig produzierten Inhalte von gestern verstaubten nicht mehr in irgendwelchen Archiven, sondern blieben zugänglich. Und sie mussten nicht erst teuer und zeitraubend auf Papier gedruckt und durch das ganze Land verschickt werden, um zu den Lesern zu kommen. Eigentlich müssten La-Ola-Wellen von Journalisten durch das Land schwappen, vor lauter Begeisterung darüber, wie das Internet ihre Arbeit erleichtert und verbessert und ihre Möglichkeiten potenziert hat. Das Gegenteil ist der Fall. Die Online-Welten werden abgetan und belächelt, als Heimat für Betrüger und Perverse denunziert, die digitalen Vorreiter als „Internet-Apologeten" verspottet. Jedes Indiz dafür, dass die junge Internet-Welt noch nicht mithalten kann mit den über viele Jahrzehnte, Jahrhunderte etablierten Formen der Produktion und Finanzierung von Journalismus, wird als Scheinbeleg für die vermeintlich immanente Überlegenheit der Wissensvermittlung auf Papier gefeiert."

Dieses Zitat zeigt: Das Internet polarisiert. Es gibt glühende Anhänger. Es gibt aber auch Menschen, die dem neuen Medium sehr skeptisch gegenüber stehen. Kalt lassen das Internet und seine Möglichkeiten jedoch kaum jemanden.

8.2 Wie schreibe ich fürs Netz?

Sie werden sich jetzt sicher fragen: Was muss ich beachten, wenn ich fürs Internet schreibe? Muss ich einen Pressetext für das Web anders formulieren als wenn ich ihn zu Papier bringe? Zunächst einmal: Wir können Sie beruhigen. Sie brauchen das Rad nicht neu zu erfinden. Das meiste, was wir in diesem Buch zu guten Print-Texten geschrieben haben, können Sie auf das Schreiben für das Internet übertragen. Um es auf den Punkt zu bringen: Die Formel „kurz, klar und bildhaft" gilt auch und ganz besonders für Internet-Texte. Manche Kriterien für gute Texte sind sogar für das Internet noch wichtiger als für die

Print-Version. Dazu gehört der Grundsatz: Das Wichtigste nach vorne! Warum? Weil viele Bildschirme nicht besonders groß sind. Das gilt insbesondere für die Bildschirme von so genannten mobilen Endgeräten – Handys, iPads und Blackberrys. Und diese werden ja immer beliebter. Weil deren Bildschirme relativ klein sind, muss der Leser bereits in den ersten Zeilen erfahren, worum es im Text gehen soll. Natürlich können Sie auch im Internet den Text mit Bildern und Grafiken illustrieren. Diese dürfen aber nicht so groß und Raum füllend sein, dass der Leser der ersten Seite nicht erfahren kann, worum es geht. Denn der Text ist wichtiger als die Bilder. Warum? Weil der Text die Kernbotschaften trägt. Er ist also die Hauptsache. Bilder und Fotos sind Beiwerk. Sie sollen den Text illustrieren, ihn appetitlicher machen.

In der Fachliteratur liest man oft, dass Online-Texte kürzer sein müssten als Print-Texte. Dieser Grundsatz galt früher viel stärker als heute. Denn noch vor wenigen Jahren wählten sich die meisten Nutzer über das Modem ins Internet ein. Um längere Texte zu lesen, brauchte man mehr Zeit und musste mehr Geld berappen. Das hat sich mittlerweile geändert. Viele Online-Nutzer haben inzwischen schnelle Breitband-Verbindungen und Flatrates, mit der sie so lange im Internet surfen können, wie sie wollen.

Ein weiteres Argument für kürzere Online-Texte war: Da Bildschirme so klein ausfielen, sei es mühsam, längere Texte zu lesen; dadurch komme der Leser um 25 Prozent langsamer voran. Dieses Argument gilt heute nur noch für die mobilen Endgeräte, die extra klein und handlich produziert werden. Dagegen haben die inzwischen weit verbreiteten großen Flachbildschirme eine so gute Auflösung, dass das Lesen nicht anstrengender ist als die Lektüre von Print-Texten.

Zur Länge der Texte im Internet äußert sich der Schreibtrainer Klaus Jarchow im Medium Magazin (Medium Magazin 2010: 12) folgendermaßen:

> *„Das Netz bietet dir eine endlose Klorolle an. Die alten Unterscheidungen zwischen Zwei- und Dreispaltern, zwischen 3.000 und 4.000 Anschlägen sind historische Größen, sie bezogen sich auf die Platznot der Holzmedien. Im Netz läuft jeder Text so lange, bis alles gesagt ist."*

8.2.1 Der Onliner ist der Chef im Ring – für den Leser schreiben

Wer Texte für das Internet verfasst, muss eines wissen: Online-Texte werden in der Regel anders gelesen als Print-Texte. Der klassische Leser eines Print-

Textes sitzt am Schreibtisch oder auf dem Sofa. Oft nimmt er sich genug Zeit, um einen Text sorgfältig durchzulesen. Im Internet begegnet man dem Surfer, der immer auf der Suche nach der schnellen Information ist. Er arbeitet einen Text nicht von der ersten bis zur letzten Zeile durch. Vielmehr überfliegt er ihn. Wenn ihn etwas interessiert, hält er inne und liest sich den betreffenden Abschnitt durch. Er pickt sich das heraus, was er brauchen kann. Den Rest lässt er links liegen. Diese Art, zu lesen, hat auch Folgen für PR-Texte: Da Onliner äußerst selektiv lesen, bleiben einem Text nur wenige Sekunden, um die Aufmerksamkeit des (potenziellen) Lesers zu wecken. Deshalb muss der Leser auf einen Blick die wichtigste Botschaft erkennen können. Ansonsten ist er so schnell wieder weg, wie er gekommen ist. Die Konkurrenz ist groß. Überall flimmern andere Texte, die den Surfern zurufen: Lies mich! Deshalb müssen sich Internet-Texte besonders stark an den Bedürfnissen und Wünschen der Zielgruppe orientieren. Der Onliner ist der Chef im Ring. Er kann eine Homepage aufrufen, Stichwörter in Suchmaschinen eingeben, interessante Links anklicken und Themen auswählen. Wenn er findet, dass ein Thema auf einer Seite nicht besonders gut dargestellt ist, probiert er es eben mit der nächsten Seite. Mit einem Mausklick ist er weg. Deshalb muss sich derjenige, der professionelle Online-PR machen möchte, in einem ersten Schritt überlegen: Was will mein Gegenüber? Was könnte ihn interessieren? Wonach könnte er suchen? In einem zweiten Schritt muss er dann darüber nachdenken: Wie kann ich ihm helfen, das zu finden, was er sucht?

8.2.2 *Absätze und Zwischenüberschriften – Struktur und Orientierung*

Der Online-Surfer scannt Texte. Er sucht sich die Informationen heraus, die für ihn wichtig sind. Deshalb müssen Online-Texte vor allem eines: gut strukturiert sein und Orientierung bieten. Absätze und aussagekräftige Zwischenüberschriften sind dabei das A und O. Bleiwüsten verärgern den flüchtigen Leser im Netz. Wenn Sie sich Online-Texte anschauen, dann werden Sie sehen: Online-Texter machen deutlich mehr Absätze als ihre Print-Kollegen. Das hilft dem Leser, sich auf einer Homepage zurechtzufinden. Online-Texte vertragen deutlich mehr Absätze als Print-Texte. Deshalb: Seien Sie mutig! Sie können ruhig nach zwei bis vier Sätzen einen Absatz einbauen.

Zwischenüberschriften sind für Internet-Texte wesentlich wichtiger als für Print-Texte. Denn auch Zwischenüberschriften helfen bei der Orientierung. Außerdem lockern sie das Geschriebene auf. Aber Vorsicht: Zwischenüberschriften sollten wohl durchdacht sein. Denn sie müssen einlösen, was sie versprechen. Wenn eine Zwischenüberschrift etwa lautet: *Kreditkarten zum Nulltarif*, dann möchte der Leser auch etwas darüber erfahren. Wenn das Thema oder dieser Aspekt des Themas erst viel später oder überhaupt nicht angesprochen wird, dann ist der Leser enttäuscht. Die Folge: Er liest nicht mehr weiter und wird sich künftig überlegen, die Seite noch einmal zu besuchen. Als Faustregel gilt: Nach zwei Absätzen eine Zwischenüberschrift. Und noch etwas: Die Zwischenüberschriften müssen nicht besonders originell und kreativ sein. Oft ist es sogar kontraproduktiv, wenn die Zwischenüberschriften allzu originell und nicht auf den ersten Blick verständlich sind. Viel wichtiger ist es, dass sie möglichst genau zusammenfassen, um was es in den folgenden Absätzen geht. Das hat zwei Vorteile: Zum einen findet sich der Leser schneller und besser zurecht. Zum anderen können Sie als PR-Verantwortlicher in den Zwischenüberschriften auch die Schlüsselwörter (oder englisch Keywords) unterbringen, die von Suchmaschinen gefunden werden sollen.

8.2.3 Unterschätzen Sie die Überschrift nicht...

Unterschätzen Sie die Überschrift nicht! Sie ist besonders bei Internet-Texten sehr wichtig. In gedruckten Texten schauen wir zuerst auf das Bild. Anders im Web. Untersuchungen haben gezeigt, dass sich der Leser im Internet zuerst die Überschrift ansieht. Deshalb entscheiden nicht Bilder, sondern Überschriften, ob sich der Leser für einen Artikel interessiert.[78]

Wie sollte eine gute Überschrift aussehen? Sie sollte das Wesentliche in einer Art Telegrammstil wiedergeben. Außerdem sollte sie die beiden wichtigsten W-Fragen beantworten. *Wer* tut *was*? Und sie muss Interesse wecken.

---

78 Wie sehr Wörter und nicht Bilder die menschliche Wahrnehmung lenken, verdeutlicht der so genannte Stroop-Effekt. Der amerikanische Psychologe J. Ridley Stroop testete in den 1930er-Jahren das Wahrnehmungs- und Wiedergabeverhalten von Lesern, wenn ein Text widersprüchliche Signale sendete. Er fragte: Wie beeinflusst die Farbgebung des Schriftbilds die Wahrnehmung des Wortinhaltes? Konkret: Wenn das Wort „blau" grün gedruckt ist – was liest der User? Auf www.kommdesign.de hat der Kommunikationspsychologe Thomas Wirth eine eindrucksvolle Demonstration des Stroop-Effektes gelegt. Der User kommt ins Stocken, wenn er die Farbe der andersfarbig gedruckten Wörter nennen soll. Wenn das Wort blau grün gedruckt ist, kommt beim User dies als blau an. Die Ursache liegt in der Überlagerung (Interferenz) zweier Prozesse, nämlich „Lesen" und „Nennen von Farben". Solche Störungen lenken den Leser nicht nur ab, sondern können dazu führen, dass er den Lesevorgang abbricht und wegklickt. Unter http://www.kommdesign.de/texte/ stroop können Sie das selbst ausprobieren.

Sie muss den Leser überzeugen, weiter zu lesen. Damit steht und fällt mit ihr der übrige Text. Sie können das sehr leicht selbst ausprobieren, indem Sie einen Text mit drei unterschiedlichen Überschriften veröffentlichen. Sie werden sehen, wie stark die Klickzahlen variieren.

Und noch ein weiteres Kriterium sollte die Online-Überschrift erfüllen: Sie sollte möglichst kurz sein. Denn die Surfer lesen Web-Überschriften nicht genauso sorgfältig wie gedruckte Überschriften. Und der Leser nimmt beim oberflächlichen Scannen nur elf Zeichen wahr. Deshalb gilt umso mehr: Die wichtigsten Begriffe und Schlagwörter müssen nach vorne. Auch deshalb, weil mobile Geräte wie Handys, Blackberrys oder iPads oft nur die ersten zehn bis 15 Zeichen der Überschriften anzeigen.

Wichtig ist außerdem, dass die Überschrift verständlich ist. Denn im Web gibt es – anders als bei Texten auf Papier – meist keine Unterzeile.[79] Und damit entfällt die Aufgabenverteilung zwischen Titel und Unterzeile, wie sie bei Print-Texten besteht. Dort soll der Titel den Leser neugierig machen, ihn für den Text interessieren. Dazu verwenden Redakteure oft ein Zitat. Oder einen Satz im Telegrammstil, dessen Inhalt sich nicht auf den ersten Blick erschließt. Oft wirkt der Titel deshalb kryptisch. *Eine Nacht in Linie 17*: So lautete der Titel eines Artikels über Zivilcourage in der Zeitschrift *stern* (Hardinghaus 2010: 63). Aus dieser Überschrift konnte niemand herauslesen, um was es sich im Text konkret handelte. Um einen Busfahrer? Um einen Obdachlosen? Oder um einen Betrunkenen? Erst die Unterzeile beendete das Rätselraten. Für einen Online-Text wäre eine solche Überschrift vollkommen ungeeignet. Denn hier fehlt die Unterzeile, die das Thema konkretisieren könnte. Deshalb muss bereits der Titel Klartext reden.

Für Online-Texte genauso ungeeignet wie der Titel *Eine Nacht in Linie 17* sind die Überschriften *Otto, du schaffst das* oder *Schluss, Verkauf!* (beide in *stern* 36/2010). Denn sie sind unverständlich. Der flüchtige Leser weiß nicht, was ihn erwartet. Die Zeit, sich näher mit dem Artikel zu beschäftigen, hat er nicht. Deshalb ist die Wahrscheinlichkeit groß, dass er wegklickt.

Online-Überschriften sollten also das Wesentliche des Inhalts zusammenfassen. Genauso wie bei Texten auf Papier haben gewisse Reizwörter auch bei Online-Texten auf den Leser eine magische Anziehungskraft. Zu diesen Wörtern zählen Sex, Skandal, Trauer, Affäre, Hoffnung, Eklat und Blutbad. Schlagen Sie nur einmal die BILD-Zeitung auf. Dort finden Sie diese Reizwörter in

---

79   Dafür gibt es oft eine Dachzeile, die meist nur aus einem oder wenigen Wörtern besteht.

geballter Ladung. Beim Leser, auch wenn er nur flüchtig liest, kommen sie gut an. Genauso wie Superlative, etwa „die größten", „die besten" oder „die tollsten". Natürlich ist uns klar, dass Sie in Ihren Texten diese Begriffe wahrscheinlich nicht allzu häufig verwenden können. Insbesondere dann nicht, wenn Sie für ein seriöses Unternehmen oder Produkt werben wollen.

Und es gibt noch einen Grund dafür, dass Überschriften auch außerhalb ihres ursprünglichen Kontextes verständlich sein müssen: die Suchmaschinen. Denn viele Artikel und Beiträge auf Websites werden mit Hilfe von Suchmaschinen gefunden. Allen voran Google. Wer Informationen über ein bestimmtes Thema sucht, gibt in Google einen Suchbegriff oder gleich mehrere Begriffe ein. Die Suchmaschine spuckt daraufhin Artikel und Beiträge zu dem gewünschten Thema aus. Bei Google gibt es eine Besonderheit, die man kennen muss, wenn man textet. Google liest Überschriften nur bis zum 60. Zeichen. Deshalb sollte sich das Thema in den ersten 60 Zeichen erschließen. Wenn es in einem Beitrag zum Beispiel um Girokonten geht, dann sollte das Wort Girokonto auch in den ersten 60 Zeichen vorkommen. Denn nur so führt Google den Stichwortgeber zu dieser Überschrift. Deshalb gilt als Faustregel beim Texten von Überschriften: Wichtige Schlagwörter müssen ganz vorne stehen. Innerhalb der ersten 60 Zeichen müssen die Schlagwörter vorkommen. Kreative Wortspiele, originale Zitate oder rätselhafte Anspielungen, deren Sinn sich erst nach dem Lesen des Textes erschließen, eignen sich nicht für Web-Überschriften.

Denn die flüchtigen Surfer geben in die Suchmaschinen konkrete Begriffe ein. Vielleicht werden Sie jetzt einwenden: „Aber die Suchbegriffe stehen doch im Text. Dann wird die Suchmaschine den Artikel dennoch finden." Damit haben Sie Recht. Aber: Suchmaschinen gewichten Überschriften deutlich stärker als den übrigen Text. Und Sie haben wenig gewonnen, wenn Google ihren Artikel zwar findet, diesen aber erst auf Position 105 anzeigt. Denn dann ist die Wahrscheinlichkeit sehr gering, dass der User ihn noch anklickt. Meist hat er das, was er sucht, schon vorher gefunden.

8.2.4 Der Teaser – die Kunst, zu verführen

Eine Besonderheit bei Web-Texten ist der Teaser. Was ist ein Teaser? Als Teaser[80] werden kurze Anreißer-Texte auf einer Homepage oder einer Themen-

---

80 Das Wort Teaser kommt vom Englischen to tease, was soviel bedeutet wie reizen, necken. Der Begriff stammt aus dem Marketing. Teaser ist ein Text, der den Leser zum Weiterlesen oder Weiterklicken animieren soll. In der Film- und Fernsehbranche versteht man unter

überblicksseite bezeichnet. Sie haben die Aufgabe, dem Leser Appetit zu machen. Denn wenn ihm der Teaser gefällt, wird er weiter klicken und auch den übrigen Text lesen wollen. Der Teaser auf der Startseite einer Homepage fungiert somit als Einstieg in einen ausführlichen Beitrag auf einer nachfolgenden Website. Er entscheidet maßgeblich darüber, ob ein Text angeklickt wird oder nicht. Deshalb lohnt es sich, wenn man viel Zeit und Hirnschmalz in das Texten des Teasers steckt.

Wie ist ein Teaser aufgebaut? Der Teaser muss die Aussage des Textes zusammenfassen. Gleichzeitig darf er aber auch nicht alles vorwegnehmen. Sonst hat niemand mehr Lust, den Text zu lesen. Es ist also immer eine Gratwanderung, auf die der Texter sich begibt. Bildlich gesprochen: Der Teaser soll Appetit machen, aber nicht die Hauptspeise vorwegnehmen. Dabei sollte man es mit dem Appetit-Machen aber auch nicht übertreiben. Versprechen Sie also im Teaser nichts, was Sie später nicht auch einhalten können. Denn damit ist nichts gewonnen. Der Leser, dem das Wasser bereits im Munde zusammengelaufen ist, wird enttäuscht. Er fühlt sich betrogen und wird Ihre Seite nicht mehr ansteuern. Auch beim Teaser sollte man darauf achten, eine einfache Sprache zu verwenden. Außerdem sollten die Sätze kurz und prägnant sein. Der Teaser muss die Story verkaufen und das Besondere herausstellen.

Die meisten Teaser sind wenige Zeilen lang. Das ist nicht viel. Deshalb bietet es sich an, im Teaser Schlüsselbegriffe zu verwenden, die im Text auch wirklich vorkommen. Genauso wie für alle anderen Texte gilt auch für den Teaser: Kurz, verständlich und bildhaft formulieren. Mit allem, was dazu gehört.

Wer einen Teaser formulieren will, hat mehrere Möglichkeiten:

Der Text-Teaser: Dazu nehmen Sie den Anfang Ihres Textes. Der Vorteil: Das ist einfach und geht schnell. Denn Sie müssen sich keinen neuen Text für den Teaser einfallen lassen. Der Nachteil: Meist hat der Teaser eine bestimmte, vorher festgelegte Länge. Das führt dazu, dass der Text mitten im Satz oder schlimmer noch mitten im Wort abbrechen muss. Außerdem ist dieser Text-Einstieg nicht besonders originell.

---

einem Teaser einen kurzen Werbefilm für einen Film oder auch einen Teil eines Films, der vor dem Vorspann gezeigt wird.

Beispiel – Der Text-Teaser:

Gesundheit

Bessere Gesundheit durch Bio-Medizin

Am 27.09.2010 beginnt ein vom Bundesministerium für Gesundheit und der kanadischen Regierung geförderter Workshop der OECD „Better Health through Biomedicine – Innovative Governance" zu der Frage, wie ein besserer Zugang zu biomedizinischen Innovationen ermöglicht werden kann, um langfristig eine hochqualitative und bezahlbare Gesundheitsversorgung zu sichern.

Mehr erfahren über: Bessere Gesundheit durch Biomedizin

Startseite des Bundesgesundheitsministeriums, http://www.bmg.bund.de, Abruf am 20.Oktober 2010.[71]

Interessanter für den Leser ist es, wenn der Teaser eine kleine Geschichte erzählt, die neugierig macht.

Beispiele – Der Geschichten-Teaser:

Sparpaket

Das britische Brutalo-Sparpaket steht – und die Liste der Grausamkeiten von Premier Cameron ist lang: Rund 500.000 Jobs im öffentlichen Dienst fallen weg, die Etats fast aller Ministerien schrumpfen radikal, selbst die Queen erwischt es. Doch ob das beispiellose Experiment funktioniert, ist offen. Von Carsten Volkery, London mehr...

Spiegel Online vom 20. Oktober 2010, http://www.spiegel.de, Abruf am 20. Oktober 2010.

Auch Bienen bekommen im Alter Gedächtnisprobleme

Auch Bienen bauen im Alter geistig ab: Eine Studie von Wissenschaftlern der Arizona State University und der Norwegian University of Life Sciences um Daniel Münch belegt, dass ältere Bienen Schwierigkeiten haben, ihren Weg in den heimischen Bienenstock zu finden, wenn das Nest seinen Standort ändert. weiterlesen ...

http://www.medicom.de/gesundheits-news, Abruf am 25. Oktober 2010.

Wer es gerne sachlich mag, für den ist der nachrichtliche Teaser das Richtige. Denn der nachrichtliche Teaser fasst den Artikel zusammen. Er transportiert die Kerninformationen und Kernbotschaften. Dazu beantwortet er die wichtigsten W-Fragen. Der nachrichtliche Teaser bietet sich für die Texte an, denen es vor allem auf die Nachricht ankommt. Er bietet sich für Themen an, die selbst so viel Nachrichtenwert haben, dass der Leser von sich aus weiterklickt, ohne dass ihm das Thema besonders schmackhaft gemacht werden muss.

Beispiel – Der nachrichtliche Teaser:

Regionalkonferenz

„Wir wollen alle für die politische Diskussion gewinnen!"

Mehr als 2000 Mitglieder haben gestern in Wiesbaden auf der ersten von sieben Regionalkonferenzen mit der Parteiführung diskutiert. Die Themen waren vielfältig – von der Wirtschaftslage über das Gesundheitssystem bis hin zur Wehrpflicht. <u>weiterlesen</u>

Homepage der CDU, http://www.cdu.de, Abruf am 20. Oktober 2010.

Wer es besonders spannend machen möchte, kann als Teaser den so genannten Cliffhanger nutzen. Wie es der Name schon sagt, lässt der Cliffhanger den Leser bewusst in der Luft hängen beziehungsweise über der Klippe baumeln. Das macht ihn neugierig.[81] Dazu wirft der Teaser eine Frage auf, macht eine Andeutung oder reißt eine Geschichte an. Die Auflösung folgt dann, wenn man weiterklickt. Cliffhanger bieten sich eher bei bunten Geschichten an und sollten gut dosiert werden. Denn allzu oft eingesetzt, kann der Cliffhanger dem Leser auch gehörig auf die Nerven fallen.

---

81 Bekannt sind Cliffhanger vor allem aus Fernsehserien: Die Handlung bricht mitten in einer spannenden Szene ab – so soll der Zuschauer neugierig auf die Fortsetzung werden.

Beispiel – Der Cliffhanger:

EM-Quali-Spiel

Was hinter Merkels Besuch bei Özil steckt

Bundeskanzlerin bei Özil & Co. in der Umkleide. Was bisher keiner wusste: Dieses Foto sorgte für Zoff hinter den Kulissen. Lesen Sie mal, warum. mehr...

Bild.de, http://www.bild.de, Abruf am 20. Oktober 2010.

Auch mit dem Frage-Teaser kann der Texter punkten. Dabei werfen Sie eine Frage auf. Wichtig ist dabei, dass Sie diese im Volltext auch beantworten können.

Beispiele – Der Frage-Teaser:

Pflege-Tipps

Wann war Ihr Garten zuletzt beim Arzt?

Braune Schlieren, Blätter mit Löchern, absterbende Triebe. Ein Bild des Grauens in Ihrem Garten. Die besten Pflege-Tipps, was Sie tun können. mehr...

Bild.de, http://www.bild.de, Abruf am 25.Oktober 2010.

Abnehmen: Endlich schlank!

Ihre letzte Diät hat wieder nichts gebracht? Nicht frusten lassen. Wir zeigen Ihnen den Weg zurück zu Fitness und Wohlfühlgewicht: einfach, gesund und mit Dauer-Effekt.

http://www.apotheken-umschau.de, Abruf am 25. Oktober 2010.

Schließlich gibt es noch den Interaktions-Teaser. Im Internet wird die Interaktion großgeschrieben. Deshalb kann auch ein Teaser auffordern: Diskutieren Sie mit! Raten Sie mit! Stimmen Sie ab! Testen Sie Ihr Wissen!

Beispiele – Der Interaktions-Teaser:

Comedy & Show

10 Jahre Britt

Wählt die beste Geschichte der letzten 10 Jahre aus und postet Eure Meinungim Jubiläumsblog!

> Jetzt mitmachen

Sat1, http://www.sat1.de, Abruf am 20. Oktober 2010.

Immunsystem-Quiz

Keine Lust auf Erkältung? Dann stärken Sie Ihre Körperabwehr. Und wie? Testen Sie Ihr Wissen!

http://www.apotheken-umschau.de, Abruf am 25. Oktober 2010.

Wie lang sollte ein Teaser sein? Dafür gibt es kein Patent-Rezept. Vielmehr hängt die optimale Länge vom Content-Management-System[82] ab, das Sie verwenden. Die Teaser bei Spiegel Online sind in der Regel fünf Zeilen lang. Bei bild.de und faz.de variiert die Teaser-Länge zwischen drei und sechs Zeilen. Bei stern.de kann der Teaser auch mal acht Zeilen lang sein. Gabriele Hooffacker schreibt in ihrem Buch „Online Journalismus": „Vom Zwei-Wort-Satz bis zur Kombination aus Überschrift und Vorspann von mehr als 200 Zeichen ist alles drin. Auch wenn auf der Einstiegsseite nur ein kurzer Satz steht, der zum Weiterlesen reizen soll, spricht man von einem Teaser. Meist ist er dann weniger als 65 Zeichen lang, das entspricht einer langen Zeile oder zwei bis drei kurzen Zeilen." (Hooffacker 2010: 84).

8.2.5 Der Volltext – die Kunst, den Leser am Ball zu halten

Hat der Teaser den Leser verführt, weiterzulesen, dann klickt er auf „weiter" oder „mehr". Dann folgt der eigentliche Text. Dieser Volltext hat in der Regel

---

82   Ein Content-Management-System (kurz: CMS, übersetzt: Inhaltsverwaltungssystem) ist
      ein System zur gemeinschaftlichen Erstellung, Bearbeitung und Organisation von Inhalten.
      Diese können aus Text- und Multimedia-Dokumenten bestehen. Ein Autor kann ein solches
      System in den meisten Fällen ohne Programmier- oder HTML-Kenntnisse bedienen.

einen Vorspann, der gefettet ist. Dieser Vorspann sollte mit dem Teaser inklusive Überschrift identisch sein. Warum? Nicht jeder gelangt über den Teaser zum Artikel. Viele Surfer geben auch ein Stichwort bei einer Suchmaschine ein und gelangen so zum Volltext. Auch diese „Quereinsteiger" sollen in den Text hineingezogen werden und sich im Text zurechtfinden. Und natürlich gilt auch beim Schreiben für das Netz: Der Schluss muss stark sein.

Exkurs:

Für das Schreiben im Netz bieten sich serifenlose Schriften an wie Verdana, Helvetica und Arial. Diese Schriftarten verzichten auf die für die Serifen-Schriften typischen kleinen Striche am Fuß oder Kopf der Buchstaben (Serifen). Auch eine Kursiv-Schrift ist am Bildschirm schlecht lesbar. Wenn Sie also etwas hervorheben wollen, dann fetten Sie die Texte oder schreiben die betreffenden Wörter groß. Auch mit Unterstreichungen sollten Sie vorsichtig sein. Denn diese sind normalerweise Links vorbehalten. Wenn ein Wort oder ein Satz unterstrichen ist, dann erwartet der Leser dort einen Link, also einen Verweis auf weitergehende Informationen. Wenn er diese nicht findet, sich die unterstrichene Passage also nicht anklicken lässt, ist er enttäuscht. Wenn ihm das öfter passiert, dann ist er frustriert. Außerdem sollten Sie zurückhaltend sein, wenn Sie einen Text im Netz farbig markieren. Denn auch Farbe verbindet der Leser mit einem Link. Wenn ein Wort also farbig ist, erwartet der Nutzer einen Link. Wenn dann tatsächlich ein Link im Text auftaucht, ist der Leser verwirrt. Noch unprofessioneller wirkt es, wenn man für Überschriften, Zwischenüberschriften und Links dieselbe Farbe verwendet. Dann ist die Verwirrung perfekt. Deshalb: Wenn Sie Farbe einsetzen wollen, dann nur für den Link. Alles andere bleibt schwarz. Außerdem gilt es zu beachten: Im Internet gibt es keine Silbentrennung. Wenn Sie den Blocksatz wählen, dann können Löcher entstehen. Die sehen nicht besonders schön aus. Deshalb ist es eleganter, linksbündig zu schreiben.

8.2.6 Richtig verlinken

Eine Besonderheit von Online-Texten sind die Links. Sie geben dem Autor die Möglichkeit, verschiedene Websites miteinander zu vernetzen. Links sollen dem (flüchtigen) Leser bei der Orientierung helfen. Deshalb müssen Links für den Nutzer sofort und eindeutig zu erkennen sein. Wir zeigen Ihnen unterschiedliche Möglichkeiten, Links zu setzen. Dazu greifen wir immer wieder auf Beispiele aus dem Journalismus zurück. Diese Techniken lassen sich aber gut auf Online-PR-Texte übertragen. Mittlerweile hat es sich eingebürgert, dass Links farbig und unterstrichen sind. Bei der Auswahl der Farben gibt es keine Vorgaben. Wichtig ist aber, dass Links immer gleich aussehen. Denn nur so sind sie für den User wiedererkennbar. Außerdem sollten sie sich klar vom Fließtext abheben. Wichtig ist auch, dass die Links aktiv sind. Denn was nutzt ein noch so schöner Link, wenn er ins digitale Nirwana führt? Wie viele Links Sie setzen möchten, bleibt Ihnen überlassen. Natürlich kommt es auch darauf an, wie lang der Artikel ist. Berücksichtigen sollten Sie aber immer, dass die meisten Surfer nicht allzu viel Zeit mitbringen. Deshalb ist ein „Literaturverzeichnis" mit 40 weiteren Artikelhinweisen sicherlich in den meisten Fällen zu viel. In den meisten Fällen sind ein bis fünf Links sicher ausreichend.

Wenn Sie jetzt in Ihrem Text einen Link setzen möchten, fragen Sie sich vielleicht: Wo soll ich den Link setzen? Eine Möglichkeit ist, den Link direkt im Fließtext zu setzen.

Beispiel – Der Link im Fließtext:

Sparpaket

Schäuble will die Länder ködern

Von Peter Müller

Finanzminister Schäuble legt seine Pläne zur Steuervereinfachung vor – und macht ein Angebot an die Bundesländer. In einem SPIEGEL ONLINE vorliegenden Brief an die Koalitionsfraktionen kündigt er an, Steuerausfälle von Ländern und Kommunen komplett zu übernehmen.

*Berlin – **Wolfgang Schäuble** (CDU) geht in der Steuerdebatte in die Offensive. In einem Brief an die Bundestagsfraktionen von CDU/CSU und FDP bietet der Finanzminister an, dass der Bund die mit der geplanten Steuervereinfachung verbundenen Kosten in Höhe von 500 Millionen Euro allein schultern wird. „In diesem Zusammenhang ist vorgesehen, die Steuerausfälle der Länder und Kommunen vollständig zu kompensieren", heißt es in dem Schreiben, das SPIEGEL ONLINE vorliegt. (...)*

Vgl. Spiegel.de, Abruf am 26. Oktober 2010.

In diesem Beispiel ist der Name „Wolfgang Schäuble" nicht gefettet, sondern rot markiert und unterstrichen. Damit zeigt Spiegel Online an, dass es sich um einen Link handelt. Wer diesen Link anklickt, landet auf einer anderen Seite, die Artikel, Hintergründe und Fakten zu Wolfgang Schäuble bereithält. Auch die Apotheken-Umschau setzt ihre Links in diesem Beispiel direkt im Text. Der Link ist blau und unterstrichen. Klickt der Leser auf das Wort „Angst", dann wird er auf eine Seite über Ängste weitergeleitet. Den Link bereits im Text zu setzen, hat für den Online-Schreiber einen großen Vorteil: Es geht schnell und ist leicht zu machen.

Beispiel – Der Link im Fließtext:

Woher kommt eine Spinnenphobie?

Viele fürchten die kleinen Krabbeltiere. Rebecca Hoffmann behandelt Menschen mit Spinnenangst und erklärt uns das Phänomen

Spinnenangst? Der Biss einer Vogelspinne ist zwar schmerzhaft, aber meist harmlos für den Menschen

*Sie bellt nicht, sie sticht nicht und sie ist klein wie ein Gummidrops. Kurzum – es gibt eigentlich keinen logischen Grund, weshalb ein Mensch **Angst** vor einer in Deutschland vorkommenden Spinnenart haben sollte. Trotzdem jagen diese keinen Tierchen immer wieder gestandene Männer aus Autos und blockieren die Kellerabteile erwachsener Frauen.*

Vgl. http://www.apot#heken-umschau.de/Angst/Woher-kommt-eine-Spinnenphobie-57800. html, Abruf am 16. Oktober 2010.

Der Online-Texter hat noch eine weitere Möglichkeit: Er kann die Links sammeln und an das Ende oder den Rand der Seite setzen.

Beispiel – Die Link-Sammlung

Zu dem Artikel WM-Orakel – Krake Paul ist tot, führte Spiegel Online links neben dem Artikel folgende Links auf:

MEHR AUF SPIEGEL ONLINE

Süße Worte aus den USA: Ein Liebeslied für Orakel-Krake Paul (16.07.2010)

Pulpo popular: Krake Paul wird „Ehrenbürger" in Spanien (13.07.2010)

Oktopus-Orakel Paul: Pulpo Fiction (09.07.2010)

http://www.spiegel.de/panorama/0,1518,725415,00.html

www.spiegel.de

www.spiegel.de, Abruf am 26.10.2010.

Diese Variante hat den Vorteil, dass der Leser in seinem Lesefluss nicht von Links abgelenkt wird. Damit ist sie lesefreundlich. Außerdem ist diese Vorgehensweise sehr übersichtlich. Denn die verschiedenen Artikel zum Thema stehen geordnet untereinander. Ferner bietet diese Vorgehensweise die Möglichkeit, das Thema des Links durch die Nennung der Artikelüberschrift ausführlicher zu beschreiben, als es innerhalb des Textes möglich wäre. Dennoch hat die Link-Sammlung auch einen entscheidenden Nachteil: Sie kann leicht übersehen werden. Zumal, wenn diese – wie im Beispielsfall – am linken oberen Rand steht. Denn in der Regel wird der Leser, der sich für den Text interessiert, nach unten scrollen. Damit verliert er die Link-Sammlung, die ganz oben steht, leicht aus dem Blick.

Möglich ist auch, die Links in einem Kasten innerhalb des Fließtextes zu platzieren Das ist sehr übersichtlich und der Leser hat das Ganze gesammelt im Blick.

Manchmal sieht man auf Websites auch, dass die Links in einer rechten Spalte stehen. Von dieser Vorgehensweise raten wir ab. Denn Untersuchungen haben ergeben, dass ein Link-Kasten auf der rechten Seite einer Homepage leicht übersehen wird.

Wir haben Ihnen die gängigen Möglichkeiten gezeigt, Links zu verorten. Wie Sie verlinken möchten, hängt von Ihrem Geschmack und letztlich auch von Ihrem Content-Management-System ab. Ganz wichtig dabei ist aber, dass

Sie einheitlich verlinken. Denn unterschiedliche Verlinkungstechniken können den Leser ganz leicht verwirren.

Außerdem sollten Links aus sich selbst heraus verständlich sein und in einem Zusammenhang stehen. Der User muss genau wissen, wo er landet, wenn er einen Link anklickt. Denn Onliner sind flüchtige Leser. Sie scannen die Seite und damit auch die Links.

Beispiel – Unverständliche Links:

BKA sieht „Löschen statt Sperren" von Kinderpornos weiter skeptisch

*Bei einer **Anhörung** des Bundestags am Montag sprach sich die Mehrzahl der Experten für das schnelle Löschen von Abbildungen sexuellen Missbrauchs an der Quelle aus. Jörg Ziercke, Präsident des Bundeskriminalamts (BKA), zeigte sich jedoch **weiter** skeptisch angesichts des von der Regierung **vereinbarten Ansatzes** „Löschen statt Sperren". „Man sagt der Öffentlichkeit im Grunde etwas Falsches, wenn man sagt, wir löschen das Ganze", meinte der Behördenchef. Das klinge einfach, gestalte sich in der Realität aber komplexer: „Selbst wenn man glaubt, man hat die Seite, ist man noch längst nicht am Ziel."*

Vgl. http://www.heise.de/newsticker/meldung/BKA-sieht-Loeschen-statt-Sperren-von-Kinderpornos-weiter-skeptisch-1125136.html, Abruf am 26.10.2010.

Diese Links sind verwirrend. Denn Wörter wie Anhörung, weiter, vereinbarten Ansatzes sind aus sich heraus nicht verständlich. Der flüchtige Leser kann mit ihnen allein nichts anfangen. Besser ist deshalb, Satzbestandteile zu Links zu machen, die auch für sich allein genommen verständlich sind.

Beispiel – Verständliche Links:

*Bereits im **Frühjahr** hatte die **Regierungskoalition** beschlossen, das **Elterngeld** von monatlich 300 Euro für **Hartz-IV-Empfänger** zu streichen.*

Auszug aus dem Artikel Elterngeld – Reiche sollen auf Kinderprämie verzichten,

http://www.zeit.de/gesellschaft/familie/2010-10/elterngeld-einsparen-vermoegende, Abruf am 26. Oktober 2010.

Wer Links im Text setzt, sollte darauf achten, dass diese nicht allzu lang werden. Denn dies kann schnell unübersichtlich werden. Der flüchtige Leser kann nicht auf den ersten Blick erkennen, um was genau es in diesem Link geht.

Beispiel – Zu langer Link:

WM-Orakel

Krake Paul ist tot

Diese Nachricht dürfte Fußball- wie Tierfreunde gleichermaßen erschüttern: WM-Krake Paul ist tot. Das weltbekannte Fußball-Orakel starb in seinem Aquarium in Oberhausen. Dort denkt man bereits über ein Denkmal nach – und muss einen Nachfolger ins kalte Wasser werfen.

*Oberhausen – Der Tod kam über Nacht. WM-Orakel Paul sei in der Nacht zum Dienstag „sanft" entschlafen, teilte das Sealife-Aquarium in Oberhausen mit. **Während der Fußball-WM in Südafrika war Paul zum Star geworden, weil er bei allen sieben deutschen Spielen sowie beim Finale zwischen Spanien und den Niederlanden den Sieger richtig vorhergesagt hatte.***

http://www.spiegel.de/panorama/0,1518,725415,00.html, Abruf am 26. Oktober 2010.

8.2.7 Bilder, Audios, Videos – das Web als multimediales Medium

Das Internet ist ein multimediales Medium. Online-Texte haben deshalb gegenüber Print-Texten einen enormen Vorteil. Sie können leicht und schnell mit Bildergalerien, Audio-Dateien und Videos illustriert werden. Das macht die Texte lebendiger und wirkungsvoller.

Wenn Sie beliebte Websites anklicken, dann wird Ihnen auffallen: Dort gibt es oft Bildergalerien. Sie machen eine Geschichte anschaulich und plastisch. Manche Online-Redakteure handeln aber nach dem Motto: Hauptsache viele Bilder, weil ich so nur wenig Text schreiben muss. Dann werden emotionale Bilder dazu missbraucht, eine Geschichte zu erzählen. Das funktioniert in aller Regel nicht – abgesehen von Geschichten, die sich durch die Bilder von selbst erklären. Große Bildergalerien bringen zwar eine hohe Klickrate. Aber fragen Sie sich doch einmal selbst? Haben Sie Lust, 20 oder mehr Bilder anzuklicken, um eine Ahnung von der Geschichte zu bekommen, die sich möglicherweise dahinter verbergen könnte? Deshalb unser Tipp: Setzen Sie Bildergalerien eher sparsam ein. Und nur, um eine Geschichte oder Botschaft zu illustrieren. Das gilt besonders dann, wenn Ihre Botschaft, Ihr Produkt oder Ihre Geschichte komplex und erklärungsbedürftig ist. Dann können Bilder nie den erklärenden Text ersetzen. Wer nur auf schöne Bilder setzt und sich dadurch hohe Klickraten erhofft, erreicht dadurch oft das Gegenteil: Die Onliner verlieren das Interesse an der Seite.

Auch Grafiken sind im Internet beliebt. Denn sie illustrieren eine Botschaft oder Geschichte. Das freut den Leser. Allerdings sollte man sie nicht in der vollen Größe in den Artikel integrieren, sondern so einstellen, dass sie sich auf Mausklick vergrößern lassen. Aber auch hier gilt: Sie dürfen nicht für sich allein stehen. Sie brauchen eine Legende.

Nachwort: PR in Zeiten von Web 2.0

Kürzlich haben wir folgende Geschichte gehört. Ein Kommunalpolitiker fuhr nach Schweden. Seine schwedischen Kollegen zeigten ihm ein Wohnungsbauprojekt. Dabei fiel dem Kommunalpolitiker auf, dass zwischen den Häusern, den Parkplätzen und den Zufahrtswegen gar keine Wege angelegt waren, auf denen die Bewohner hätten gehen können. Stattdessen gab es nur freie Flächen, auf denen Gras wuchs. Daraufhin wandte sich der bayerische Kommunalpolitiker an seinen schwedischen Kollegen und fragte: „Wollen Sie keine Wege anlegen?" Der Schwede schaute ihn erstaunt an und sagte dann: „Doch. Aber wir müssen doch erst herausfinden, wo die Leute lang laufen wollen."

Anstatt schon beim Bau der Häuser selbst Wege anzulegen, sollten die Bewohner selbst Pfade ins Gras trampeln. Auf diesen Pfaden wollten die Schweden dann Wege anlegen. Der deutsche Politiker war angetan von dieser einfachen und kundenfreundlichen Lösung und schlug diese seinem Chef vor. Dieser sah ihn entrüstet an und antwortete: „Mit Verlaub – wo die Leute langgehen, das bestimmen hier noch immer wir."

Warum erzählen wir Ihnen diese Geschichte? Mit Verlaub – was die Leute von uns erfahren, das bestimmen immer noch wir. Punkt. So funktioniert PR heute vielfach immer noch. Jedenfalls in den Köpfen vieler Führungskräfte. Für viele ist PR noch immer eine Einbahnstraße. Die Botschaft wandert von der PR-Abteilung zunächst zum Journalisten. Dieser entscheidet darüber, welche Informationen es in die Massenmedien und damit in die Öffentlichkeit schaffen. Der Journalist ist also das Nadelöhr.

Monolog und Einwegkommunikation. Das ist der traditionelle Weg. Aber ist es auch der Weg, den moderne Menschen als Trampelpfad anlegen würden? In Zeiten von Web 2.0? In Zeiten, in denen Vernetzung, Interaktion und Austausch so groß geschrieben werden? Schauen Sie sich nur einmal an, wie beliebt so genannte Social Media wie *Facebook*, *Xing*, *MySpace* oder *Werkennt-wen* sind. *Facebook* hat allein in Deutschland über 13 Mio Nutzer, *Werkennt-wen* kommt auf 7 Mio und *Xing* auf 3 Mio. Und es werden täglich mehr. Sehr beliebt sind auch *Youtube* und *flickr*, Portale, auf denen man seine Vi-

deos und Fotos einstellen kann. Andere können diese kommentieren und bewerten. *Youtube* hat nach eigenen Angaben jeden Tag über 2 Milliarden Auf-
rufe. Auch Weblogs werden in Deutschland immer beliebter. Ursprünglich als
privates Tagebuch im Netz gestartet, gibt es nun Weblogs zu allen möglichen
Themen. Deren Leser haben die Möglichkeit, Kommentare abzugeben. Und
nicht zu vergessen den kleinen Bruder des Bloggens. Das Twittern. Zugegeben, noch ist die Twitter-Gemeinde in Deutschland relativ klein. Nach Angaben
der *Web-Evangelisten* gibt es derzeit 350.000 aktive deutschsprachige Twitter-Nutzer und rund drei Millionen passive Twitter-Nutzer. Aber die Twitter-
Gemeinde wird immer größer.

Sie sehen: Hier ist eine Entwicklung im Gang, die sich nicht mehr zu-
rückdrehen lässt. Sie ist aber auch eine große Chance für die PR der Zukunft:
Denn künftig ist der Journalist nicht mehr *das* Nadelöhr, durch das eine Information muss, um an die Öffentlichkeit zu gelangen. Via Internet kann jedes Unternehmen, jeder Verband, jeder Politiker direkt mit seiner Zielgruppe
kommunizieren. Das ist gut so: Denn Dialog schafft Verständnis. Verständnis
schafft Vertrauen. Die PR der Zukunft hat großartige Chancen. Nutzen wir sie!

Literaturverzeichnis

Arnold, K. (2009), Qualitätsjournalismus, Konstanz.

Baron, M./Bonesky J. (2010), Ganz Deutschland liebt den Lena-Sprech, in: BILD vom 2.6.2010.

Bentele, G./Fröhlich R./Szyszka P. (Hrsg.) (2008), Handbuch der Public Relations, 2. Auflage, Wiesbaden.

Blenk, D. (2006), Inhalte auf den Punkt gebracht, 2. Auflage, Weinheim und Basel.

Bode, K. u.a. (2010), „Es gibt viele Sarrazins" in: Der Spiegel 36/2010 vom 6.9.2010, S. 22.

Brüggemann, M. (2008), Europäische Öffentlichkeit durch Öffentlichkeitsarbeit, Wiesbaden.

Burton, C. / Drake A. (2004), Hitting the Headlines in Europe, London, S. 47.

Claßen, V./Reins, A. (2007), Deutsch für Inländer, Frankfurt.

Dernbach, B./Quandt, Th. (2009), Spezialisierung im Journalismus, Wiesbaden.

Der Reden-Berater (1985-2000), Handbuch für erfolgreiche Reden im Betrieb, in der Öffentlichkeit und im Privatleben, Bonn.

Ebersbach, A./Glaser, M./Heigl, R. (2010), Social Web, 2. Auflage, Konstanz.

Falkenberg V. (2008), Pressemitteilungen schreiben, 5. Auflage, Frankfurt.

Fengler, S. (2005), Ich bin die RICHTIGE Beute, in: taz vom 8.3.2005.

Fengler, S./Kretzschmar S. (Hrsg.) (2009), Innovationen für den Journalismus, Wiesbaden.

Fey, G. (2009), Reden macht Leute!, 3. Auflage, Regensburg.

Fink, K.-J. (2007), 888 Weisheiten und Zitate für Finanzprofis, 1. Auflage, Wiesbaden.

Förster, H.-G. (2009), Texten wie ein Profi, 11. Auflage, Frankfurt am Main.

Friedrichs, H.J. (1993), Vom „Handwerk" der Sprache, in: Gesellschaft für deutsche Sprche (Hrsg.), Wörter und Unwörter, Niedernhausen/Ts., S.22.

Garbe, B. (2009), Grinsegesicht im Weltnetz, in: Rheinischer Merkur Nr. 35/2009, S. 20.

Gazdar, K./Kirchhoff, K. (2008), Strategische Unternehmenskommunikation, München.

Gerhardt, R./Leyendecker, H. (2005), Lesebuch für Schreiber, Frankfurt am Main.

Glogowski, E. (2005), Volkssport Sprachverhunzung, in: die bank 1.2005, S. 76-77.

Göpfert, W. (Hrsg.) (2006), Wissenschaftsjournalismus, 5. Auflage, München.

Greiner, U. (2010), Ist Deutsch noch zu retten?, in: Die Zeit vom 1.7.2010, S. 44-45.

Hardinghaus, B. (2010), Eine Nacht in Linie 17, in: Der Spiegel 36/2010, S. 63.

Heine, M. (2010), Ein bisschen mabbern zum Mondscheintarif, Interview mit dem Linguisten Lothar Lemnitzer, in: Frankfurter Allgemeine Sonntagszeitung vom 7.3.2010.

Heinrich, J./Moss, Ch. (2006), Wirtschaftsjournalistik, Wiesbaden.

Herrmann, F. (Hrsg.) (2006), Unter Druck, Wiesbaden.

Hoffmann, B./Müller, C. (2008), Public Relations kompakt, Konstanz.

Hooffacker, G. (2010), Online-Journalismus, 3. Auflage, Berlin.

Huber, M. (2010), Kommunikation im Web 2.0, Konstanz.

Jahn, J. (2008), Klares Deutsch für Juristen, in: JUS Magazin 3/08.

Jakubetz, Ch. (2008), Crossmedia, Konstanz.

Jodeleit, B. (2010), Social Media Relations, Heidelberg.

Kratz, H.-J. (2006), Wirkungsvoll reden lernen, Regensburg.

Langen, C./Sievert, H./Bell, D. (Hrsg.) (2007), Strategisch kommunizieren und führen, 2. Auflage, Gütersloh.

Liesem, K. (2006), Der spätberufene Graf, in: Frankfurter Allgemeine Zeitung vom 7.10.2006, C 3.

Liesem, K./Franke D. (2009a), Sprache muss gefallen und überzeugen, in: die bank 12.2009, S. 68-72.

Liesem, K./Franke D. (2009b), Die Macht des Wortes, Sprache in der Verbandsarbeit, Berlin.

Liesem, K./Franke D. (2010), Schöner schreiben, in: pressesprecher 04/2010, S. 26-28.

Lindner, W. (2001), Taschenbuch Pressearbeit, Heidelberg, 2. Auflage, S. 46.

Mast, C. (2010), Unternehmenskommunikation, 4. Auflage, Stuttgart.

Meckel, M. (2007), Von schwarzen Schafen und Aussenseitern, in: St. Galler Tagblatt vom 10.10.2007, S. 2.

Meyer, J.-U. (2007), Kreative PR, Konstanz.

Moss, Ch. (2008), Deutsch für Manager, Frankfurt.

Moss, Ch. (Hrsg.) (2009a), Die Sprache der Wirtschaft, Wiesbaden.

Moss, Ch. (2009a), Nonsens aus der Chefetage, in: Handelsblatt vom 14.01.2009, S. 9.

Neuberger, Ch./Nuernbergk, Ch./Rischke, M. (Hrsg.) (2009), Journalismus im Internet, Wiesbaden.

Pleil, Th. (2007), Online-PR im Web 2.0, Konstanz.

Pörksen, U. (2004), Plastikwörter, 6. Auflage, Stuttgart.

Reinmuth, M. (2006), Glaubwürdigkeit und Unternehmenskommunikation, Düsseldorf.

Reins, A. (2006), Corporate Language, Mainz.

Rössner M. C./Klaner A., Verständlich formulieren, prägnant ausdrücken, in: Anwaltsreport Heft 3/1999, S. 6.

Schneider, W. (2007), Deutsch fürs Leben, 17. Auflage, Hamburg.

Schneider, W. (2008), Deutsch für Kenner, 4. Auflage, München.

Schneider, W. (2009), WÖRTER machen LEUTE, 15. Auflage, München.

Schneider, W. (2010a), Speak German, 2. Auflage, Hamburg.

Schneider, W. (2010b), Deutsch für Profis, 16. Auflage, München.

Schneider, W. (2010c), Deutsch für junge Profis, Berlin.

Schulz-Bruhdoel , N./Bechtel, M. (2009), Medienarbeit 2.0, Frankfurt.

Schmelzer, G. (2005), Distanzierte Kunden, in: diebank 5.2005, S. 72-73.

Schwarz, T./Braun, G. (Hrsg.) (2008), Leitfaden Integrierte Kommunikation, 2. Auflage, Waghäusel.

Sick, B./Baumann, K. (2009), Der Dativ ist dem Genitiv sein Tod 04, Köln.

Sick, B. (2008), Der Dativ ist dem Genitiv sein Tod, Band 1-3, Köln.

Streinz, R. (1996), Europarecht, 3. Auflage, Heidelberg.

Szyszka, P./Düring U.-M. (Hrsg.) (2008), Strategische Kommunikationsplanung, Konstanz.

Torner, O. (2009), Die Macht des Wortes, in: Südseiten 3/09, S. 22-25.

Vitzthum, Th. (2009), Die Sprache der Mächtigen, in: Die Welt vom 3.9.2009, S. 2.

von La Roche, W. (2001), Einführung in den praktischen Journalismus, 15. Auflage, München.

von Trotha, Th. (2010), Reden professionell vorbereiten, Regensburg.

Watzlawick, P./Beavin, J., Jackson, D. (2007), Menschliche Kommunikation. Formen, Störungen, Paradoxien, 11. Auflage, Bern.

Weirich, D. (2009), Gepanschte Worte, in: pressesprecher 10/2009, S. 24-26.

Wolff, V. (2006), ABC des Zeitungs- und Zeitschriftenjournalismus, Konstanz.